camminando verso la felicità

• Titolo originale: *caminando hacia la felicidad*
• Pubblicato da Magesoul Publishing

Magesoul Publishing
www.magesoulpublishing.com

◈ ISBN: 978-1-953786-11-1   SC
◈ Disponibile anche in formato Kindle.

www.adricceneri.art

   Adric Ceneri

   @adricceneri

Impaginazione e design a cura di Adric Ceneri
Illustrazioni e design della copertina a cura di Adric Ceneri
Revisionato e curato da Adric Ceneri e Yareli Chávez

Pubblicato negli Stati Uniti d'America

camminando verso la felicità

poesia di
adric ceneri

Sono ormai diversi anni
da quando ho pubblicato il mio primo libro...

My Poetry:
Los Restos de un Humano

Le lezioni della vita mi hanno plasmato
nello scrittore che non avevo mai pianificato di essere,
ma sono felice del risultato.

Sono molto grato del mio percorso poetico,
e questo libro racconta la storia degli ultimi anni...
dalla fase più oscura della mia vita
alla fase più luminosa...
l'amore...

Sono grato
alla vita,
all'universo,
ai miei cari.
E, naturalmente...
a ogni essere vivente di questo pianeta,
semplicemente per esistere.

Ogni giorno, quando mi sveglio al mattino,
ringrazio per il privilegio di vivere...
e di poter sperimentare la vita
amando ogni giorno.

camminando verso la felicità
Un viaggio di una vita dall'oscurità verso la luce.

Questo libro è per te!

Per essere la lanterna di speranza sul mio cammino.
Per aver preso la mia mano nei momenti più difficili;
nei miei incubi notturni e nelle notti tristi,
per aver asciugato le lacrime scese sulle mie guance.
Per essere stato lì ad abbracciarmi forte
e a donarmi un amore come nessuno ha mai fatto.
Per aver cercato di comprendere il mio dolore,
anche quando era lontano da ciò che sei solito sentire.
Per non esserti allontanato da me
quando ti ho supplicato di uscire dalla mia vita.
Per aver creduto in un domani migliore
quando le notti diventavano oscure,
per aver sempre protetto le mie spalle.

Mille grazie, amore mio,
per il tempo donato,
per il privilegio di riempire i miei versi di lodi.
Tu sei l'essere più importante,
la persona più importante di tutta la mia vita.

Questo è chi ero prima che tu entrassi nella mia vita,
e la fine di questo libro
è soltanto l'inizio di una nuova vita
con te al mio fianco…

Ti amo con ogni frammento della mia anima spezzata!

Jesus Rubio, questo libro è per te!

INDICE

camminando verso la felicità
Un viaggio di una vita dall'oscurità verso la luce.

CAPITOLO I

OSCURITÀ INTERIORE

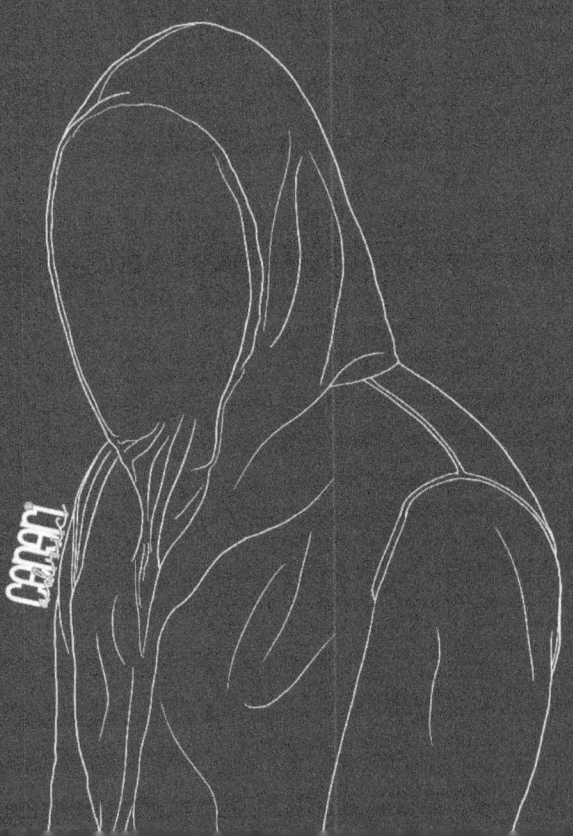

— FERITE

Se solo sapessi
quanto la tua voce mi ferisce,
se solo potessi ignorare le tue parole...

Mi hai allontanato da te
quando hai calpestato le mie ferite.
Mi hai perso,
e io sono rimasto con l'anima vuota.

Sei l'essere umano che mi ha dato la vita,
ma il rancore che porto per te
non svanisce.
Tra me e te restano solo ferite;
crepe profonde
che, anche volendo, non saprei chiudere.

15

Tante volte mi sono promesso
di chiederti — e chiedermi — perdono...
Notti fredde e interminabili
di abbandono nel mio angolo.
Tante volte ho atteso il tuo ritorno...
e non è mai arrivato.
Mentre venivo condannato per essere
l'orfano gay che sono,
e che non sono mai riuscito a cambiare,
nonostante i mille e un tentativi.

Storie bibliche che mi hanno riempito di terrore.
Ignoranza e violenza
che mi hanno negato un mondo migliore...
Da un luogo all'altro, senza sollievo né compassione,
chiedendomi sempre
se questa fosse la volontà di Dio.

Mi sento così solo...
e colmo di rancore.
Il tempo non ha guarito
le mie ferite profonde,
ha solo accresciuto il mio dolore.

Il tempo ha
appassito la mia gioia...
e mi hanno spezzato
il cuore mille volte.

— SE SOLO AVESSI SAPUTO

Se solo avessi saputo
le conseguenze future…
forse avresti fatto
le cose con più misura.

Non ho mai capito davvero,
ma voglio credere in te senza amarezza.
Voglio credere che tu abbia agito pensando…
al bene dei tuoi figli.

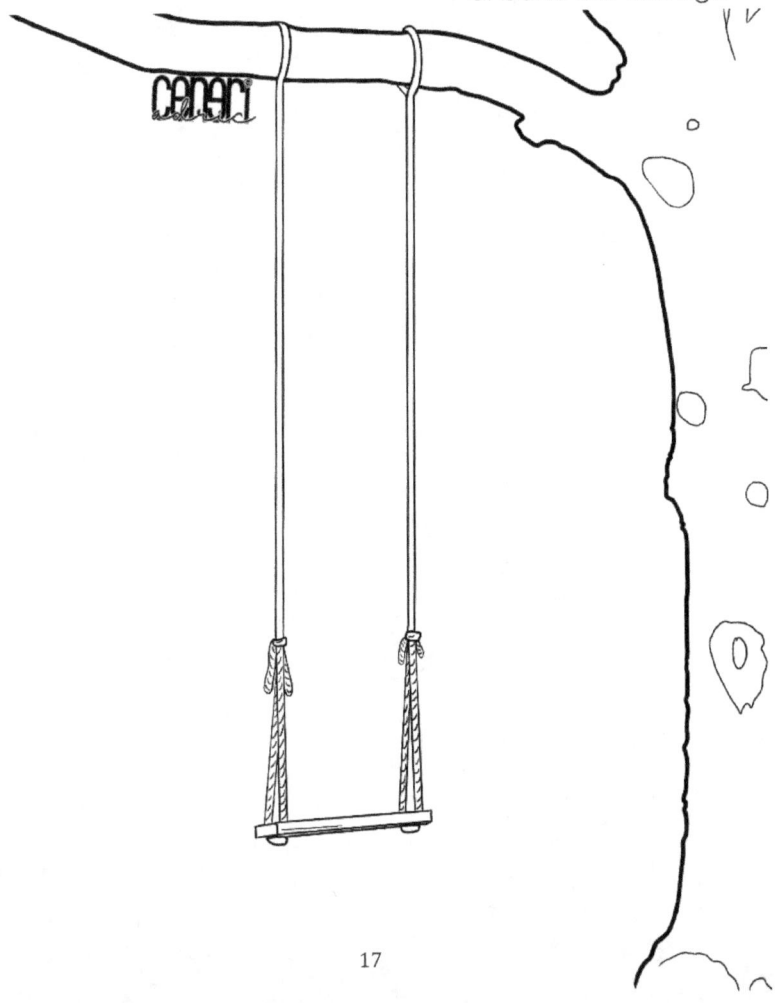

Sono stato arrabbiato con te
per avermi abbandonato,
colpevolizzandoti sempre
per ciò che mi è accaduto nel passato;
colpevolizzandoti
per gli insulti e le umiliazioni;
incolpandoti continuamente
per le ferite che mi hanno segnato.
Incolpandoti per non esserci stata
quando avevo più bisogno di te.
Da quando te ne sei andata...
ho perso tutto e sono rimasto avvelenato.

Quando te ne sei andata,
il mio mondo di illusioni è crollato.
Tu eri mia madre,
il mio tutto,
e sei sparita senza un addio.
Mentre avevo bisogno di te
per dirmi
che tutto sarebbe andato meglio.

Avevo bisogno del tuo amore,
della tua presenza,
dei tuoi abbracci.

Ma invece di questo, ho dovuto imparare
a rassegnarmi
al silenzio freddo del mio dolore…
tra muri gelidi, senza assoluzione.

19

Non riesco a ricordare
perché mi hai lasciato così.
Che cosa ho fatto
perché ti allontanassi da me?
Tante volte ho persino pensato...
che non valesse la pena vivere.
Se mia madre stessa mi aveva lasciato,
chi avrebbe mai voluto il peso
che lei aveva abbandonato?

Nel cercare il perdono…
oggi mi sento spezzato dentro.
Sono colmo di risentimento
e ti odio per questo.
Spero che dirti *"ti perdono"*
ci aiuti ad andare avanti…
a ricominciare,
per poter iniziare una vita di gioia.

Non sono più quel bambino
che hai lasciato ferito tempo fa.
Sono colui che oggi ti scrive...
dicendo: "*grazie, mamma*".
Grazie per la vita che mi hai dato senza pianificarla,
ho imparato a essere me stesso,
a essere forte... per raggiungere la mia felicità.
Ora ho più che mai delle ragioni
per superare il passato senza voltarmi indietro...

— CIÒ CHE NON RIESCO A SCRIVERE

Ho perso, in una notte di pioggia,
la voglia di amare
e ho annegato la mia ragione
senza esitare…
Ho perso persino ciò che non ho mai avuto,
nel tentativo di dimenticare…
E mi sono consegnato
alla morte, senza ribellarmi.

Peccati consumati nel mio desiderio di morire,
perforatemi la vita, distruggete il mio sentire.
Peccati impuri, non costringetemi più a vivere;
soffro soltanto, pago soltanto
ciò che non riesco a scrivere.

Al tempo amaro voglio dare la morte,
distruggerlo del tutto — vederlo svanire!
Voglio dormire e non svegliarmi più,
intrappolato nei miei disprezzi,
in una solitudine infinita...

Non sono altro che quel poeta folle
che vuole dormire;
voglio spegnere la luce dei miei occhi
e non riaprirli mai più.

Ho vissuto tanto in così poco
che non ho più un motivo per continuare...
Si sono appassite le mie forze
di andare avanti così...

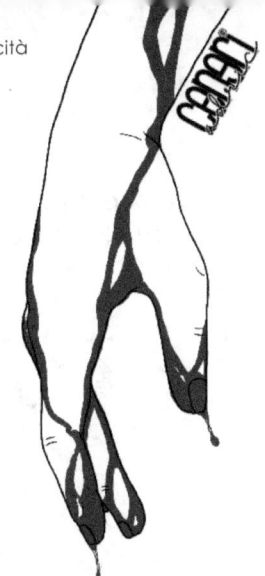

Ho perso tutta la mia anima
combattendo nell'oscurità.
Ho perso la speranza
nei miei dubbi di cambiare.
Cammino stanco di una vita
che non ho mai chiesto!
E morirò amareggiato
per non essere stato capace...

Per aver permesso ai miei peccati
di dominare il mio esistere,
per essere fuggito
come un codardo, scappare.
Per non essere stato più forte
e lottare per essere felice.
Per essere stato così debole
da lasciare il mio sangue scorrere...

Il tempo eterno
ha avvelenato il mio pensiero.
Ha corrotto la mia anima
senza rimedio, senza ritorno.

Non voglio più vivere
essendo chi sono ad ogni risveglio.
Vivo prigioniero delle mie paure
che crescono sempre di più.

Non sono nemmeno l'ombra
di ciò che ero,
e sono pronto ad andare via.
Voglio scomparire del tutto...
e non tornare mai a rinascere.
Ho vissuto tanto in così poco
che ho soltanto dolore,
odio e sofferenza
che mi fanno soffrire.

Si è spento ormai
il desiderio di vivere,
una vita che non ho chiesto.

— NEL VUOTO

Disperato corro via da te,
allontanandomi da tutto
in cui un tempo credevo.

Mi hai condannato,
con il tuo ego, a non vivere,
intrappolato nella paura
del tuo dominio.

Hai spogliato la mia anima
e mi hai gettato nel vuoto.
Mi hai riempito d'odio,
mi hai finito con il tuo gelo.
Non mi resta altro
che questo cuore appassito
e il ricordo dei tuoi baci
che ormai non sono più miei.

Il mio orgoglio si è liberato di te,
oggi che ho deciso
di non seguirti più.
Ho capito
che sai solo ferire,
che non hai mai compreso
il valore del mio affetto...

Oggi che mi allontano dalla tua presenza,
la mia voce sussurra
che non ho mai avuto il tuo amore...
E nel vento restano
ogni esperienza,
ogni piccolo istante
che mi ha colmato di dolore.

Oggi che scendo
dal tuo controllo,
sono io che grido ad alta voce
e piango di dolore.
Sono io che ti maledico
mille volte,
e augurandoti la morte
ti consegno il mio rancore.

Tra i miei denti ci sono parole
che non voglio nemmeno dire.
Ho l'anima ferita,
ho un dolore così grande che non vuole andarsene.

Disperato fuggo via da te,
ansioso di creare un futuro felice.
Mi hai condannato
a vivere sotto il tuo giogo
e oggi sono io a condannare te:
a un nostro futuro vuoto,
a vivere dei ricordi che ti ho dato.
A ricordare quei momenti
che non tornerai mai più a vivere…

— LIBERO

Per anni interi ho camminato
assente da me stesso,
alla ricerca di qualcosa
che forse non è mai esistito.
Ho paura,
devo ammetterlo.
Paura di perdere i sensi,
terrore di diventare
l'oscurità del mio oblio.
Colui che ho imprigionato
e che ora mi sfugge furioso.

Sono stanco delle menzogne...
create dai miei stessi motivi.
Le mie bugie mi tradiscono,
sto smarrendo il mio cammino.
La pazienza mi abbandona,
lasciandomi solo proprio ora
che ne ho più bisogno.
Se ne va tra le paure...
spaventata dalla mia oscurità interiore
che pesa sempre di più ad ogni battito.

Nemmeno io
potrei biasimare il suo terrore nascosto.
Io,
che sto perdendo gli attributi
che mi rendevano diverso.

L'oscurità della mia anima
si impadronisce dei miei sensi;
e non c'è spazio sufficiente
perché entrambi
sopravvivano al conflitto.

Sto perdendo la forza
e lui si libererà dal suo martirio.
Sono pronto per la mia fine…
pronto a bruciare nel freddo!
Ho atteso l'apocalisse
nella luce che ho rubato al sollievo.
E merito ciò che verrà,
conosco bene i miei peccati.

Io, che fui
una delle sue creazioni,
l'ho ingannato e gli ho rubato il destino.
Lui torna per la sua vendetta,
dopo anni interi nell'abisso.
Lui, a cui ho sottratto la vita
e la volontà per il mio egoismo.

Ma è cresciuto forte
e non perdonerà le mie scuse senza senso.
Mi distruggerà completamente
per averlo spezzato.
Merito la distruzione
e lui ha bisogno di saziare il suo odio ardente.

In qualche modo ho paura...
di morire senza lasciare tutto questo scritto.
Senza dire quanto mi dispiace
per aver fatto l'inaudito.
So che non potrà mai credere
alle mie ragioni...
ma sono stato io a salvare entrambi
da noi stessi.

Mi stanca l'odio
che porto nascosto nel profondo.
Non so come lasciarlo andare,
né riesco a resistere al delirio.
Per tanto tempo l'ho imprigionato
tra le mura dei miei peccati segreti,
tanto tempo preoccupato...
E nel mio finale,
sono io che finalmente mi libero dal martirio...

— INSODDISFATTO DENTRO

Non è per te
che sono così.
È per la mia vita vuota
e per gli anni sprecati.
Davvero sono felice
di averti accanto a me,
ma continuo a chiedermi…
perché mi sento ancora incompleto e vuoto?

Perché, quando ottengo ciò che voglio,
non mi basta più
e ne godo sempre meno?
Perché ogni volta
che ottengo di più,
non mi interessa più
e preferisco perderlo?

canari

Mi sento costretto a scegliere...
tra noi e i miei obiettivi.
Mi sento in trappola
e non riesco a trovare la porta.
Sono solo quando sono con te,
e senza di te mi perdo del tutto.
So che devo cambiare
per evitare la punizione.

Credimi, so che ci sono cose da fare,
ma il tempo, nemico mio,
non vuole capirmi.
So bene che non mi piace stare solo;
la solitudine mi obbliga a ricordare
la mia infanzia dolorosa.
Credimi, voglio dimenticare,
voglio cancellare tutto.
Voglio fuggire lontano dal mio passato,
in qualunque modo.

Il mio cuore ribelle
vuole riprendersi la libertà.
Combatte contro la mia logica,
contro la parte saggia del mio pensare.
Pensieri e sentimenti: un caos totale!

Sono insoddisfatto dentro,
e non capisco perché,
se sei qui accanto a me!

Mi sento così vuoto
e credo di non poter mai essere colmato,
e so bene che la colpa è della mia debolezza.

Sento le crepe
del mio cuore spezzato.
Vedo che non so nulla
del tuo mondo senza volto.
Ma ferirei la mia anima
se provassi ad abbandonarti.
Sono solo un bambino
che senza di te non è nessuno!

Mi allontanerò da te...
per un momento.
Ti darò ciò di cui hai bisogno
per soddisfare i tuoi desideri fugaci.
Mi darò ciò che voglio
per sentirmi ammirato, amato, importante.
Ci concederò del tempo
per diventare migliori di questo fuoco che consuma.

Perdonami se non sono più lui,
colui che un tempo camminava accanto a te...
quello non sono io.
No.
Non che io ricordi.
Perdonami per dirtelo così,
ma è giusto che tu sappia che non ti ho mentito.
Devi capire
che adoro stare con te,
che godo di tutto quando ci sei tu,
persino delle nostre liti assurde.
E voglio che tu sappia che sono ancora qui con te,
che non attraverserò quella porta...
se tu non vieni con me.

— UN FUTURO VANO

Codardo me ne vado,
codardo nella fuga.
Mi fa male l'anima,
mi sento morire.
Senza le mie smorfie la mia voce è morta...
non riesco più a ridere.
Morta la mia sorte,
in questo silenzio vado a dormire.

Per la mia sorte condannata,
oggi sono solo un infelice.

Tagliarmi le vene?
No.
Questo non mi aiuta a sopravvivere.
Mi stanco delle parole,
sono stanco di scrivere.

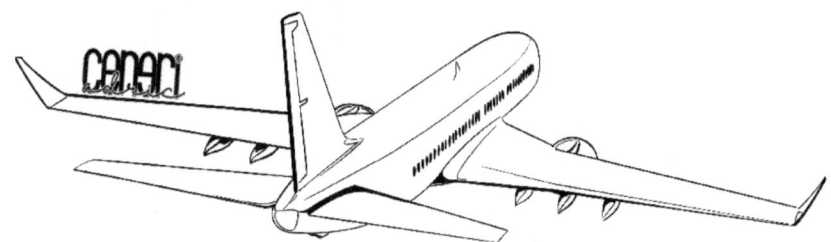

Sono solo il fallimento del secolo...
l'ombra
di un futuro vano.

Mi si sono spenti gli occhi,
si è congelato il mio sentire...
non voglio più sentire nulla!

Dio, portami via da qui!

Ah, e per favore non dimenticarlo...

Di' loro che sono in viaggio;
che sono andato a Parigi!
Di' loro che non sai quando tornerò,
nel caso chiedessero di me...

— MITOMANIA

Analizzando la mia vita… riesco a vedere solo
menzogne.
La mia anima muore smarrita,
consumata dai lamenti della mia vanità…

La colpa nel mio cuore
mi pulsa,
per questa dipendenza inaudita e irrazionale.
Questi inganni mi divorano la vita,
e a questo punto
non voglio più fermarmi.

Oggi sono capace di vendere la mia mitomania
al miglior offerente disposto a pagarla.
I miei pensieri psicotici e autodistruttivi
mi spingono…
e voglio porre fine al mio delirio,
insieme alla mia tortura mortale!

Le mie parole
camminano accompagnate da bugie.
Sono lo scudo della mia paura della verità.
Sono anni vissuti nel timore,
travestiti da ironia,
nel tentativo di nascondere
ciò che mi rifiuto di accettare!

Voglio viaggiare…
nelle storie più perdute.
E affogare il mio coraggio
per poter finalmente riposare.

Porto nell'anima
tonnellate di rabbia,
che, con tanta amarezza,
finiranno per avvelenarmi.

Voglio servirmi
del dolore che mi mutila,
e con un vino avvelenato
placare la mia mente!

Voglio perdermi
in un abisso sinistro di nebbia,
dove possa restare
al buio con la solitudine!
Voglio porre fine
a questa maledetta agonia,
e nell'inferno stesso
della mia mente cancellare
fino all'ultima delle mie bugie,
per poter recuperare
il mio amore per me stesso
e smettere di piangere!

Con un ultimo sorso
voglio scomparire all'istante.
E quando il mio corpo si addormenterà,
non tornerò mai più.
Sarà allora che perderò finalmente questa vita,
questa soffocante tortura
del mio corpo mortale.

Dove possa osare
essere la mano che uccide,
perché il mio cuore si addormenti
e smetta di battere.
Voglio finire
questa inquieta amarezza,
voglio distruggere il sapore
della mia fragilità…

Oggi
mi getto
dal precipizio
delle mie fantasie,
ora che il mio veleno
mi condanna
all'irrealtà...

Ora non restano più
parole in rima...
e me ne vado verso l'oblio,
da dove non tornerò più.

— METANOIA

Questa volta
lascerò che il mio cuore
muoia ferito.
Lascerò che la ragione
vinca sul sentimento sofferente.

Perché sono stanco
del dolore
che l'amore
mi ha inflitto.
E con la mia metanoia colma di tradimento
imbalsamerò il mio cuore.

Tradire i miei sentimenti lo farò,
per riuscire
a diventare chi ho sempre voluto essere,
e costruirò il mio futuro
con ciò che ruberò al destino.

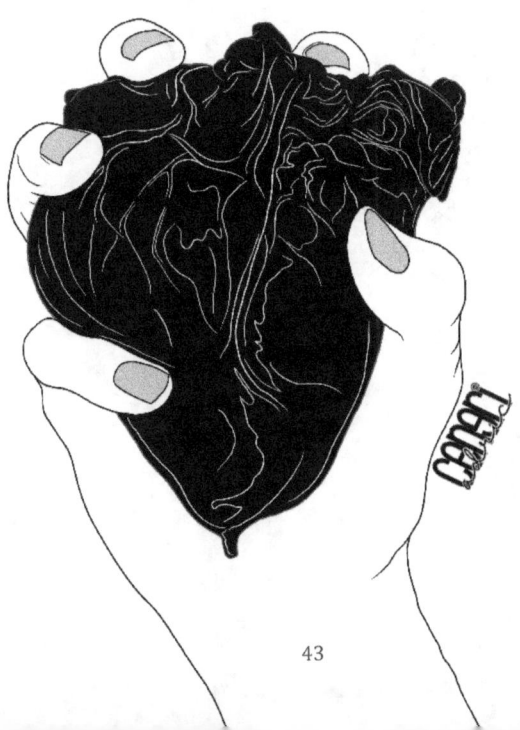

Cancellerò ogni segno su di me
e mi trasformerò in un altro io.
Sarò soltanto me stesso, senza rimorsi,
e non soffrirò più per ciò che sento.

Non permetterò mai più
a nessuno
di rubarmi i sogni.
Non lascerò entrare nessuno nella mia vita
senza prima pagare un prezzo altissimo!

Difficilmente tornerò a credere;
passeranno anni prima di fidarmi ancora.
Vivo in un eterno pentimento,
e sono capace di scagliare la mia furia contro il destino.
Non darò spazio al fallimento,
non permetterò che mi segua...
e lo lascerò morire,
soffocato dai miei dubbi,
nel tramonto...

Libererò la mia mente
con ogni calice colmo di veleno.
Viaggerò fino all'inferno
per barattare i miei sogni,
per ottenere il destino che voglio.
Non mi riguarda più la verità,
perché oggi la menzogna
è la mia più grande fortuna!

E ancora una volta
mi unirò
ai demoni di Lucifero!

Dissolverò
ogni dubbio in me,
e come la fenice
rinascerò.

Non fallirò più
in un altro tentativo:
oggi ho il potere
di ottenere ciò che voglio.

45

— ANIMA ANTICA

Tra sentieri di confusione
che ho vissuto e condiviso…
io e l'eternità.
Insieme abbiamo sofferto
la condanna dell'immortalità.

Oggi non resta più alcun Dio in vita.
Lo ricordo.
Sì.
Ho ucciso gli dèi dell'Olimpo.

Dèi celesti
che lottarono per la grande libertà.
I loro figli mortali
oggi sono atto di atrocità.

Voglio cancellare dalla mia mente
questi ricordi orribili.
Voglio finalmente morire
e disperdere la mia miseria
in un incendio.

Ho visto il tramonto
perdersi in sé stesso
sulla riva del mare.
Ogni notte, sentendo quel peso
che soffoca la mia pace.

Di ciò che ho detto e fatto
mi restano solo
le dichiarazioni di colpevolezza.
Per questo, e per molto altro,
voglio scomparire del tutto.
Non esistere più!

Troppo soli sono i cieli!
Troppe le preghiere e le suppliche.
Gli esseri umani continuano a chiedere
misericordia al Signore!
E io sono l'unico che resta,
colui che vuole ignorare il loro dolore.

Sono semplicemente stanco
dell'egoismo umano.
Non sono altro che un'anima antica...
di un secolo pagano!
Vivo nel tempo eterno,
accumulando calvari.

Non posso più evitare
il peccato nella mortalità.
Ma non sono io
a poter cambiare
il passato della storia.

Sono colui che scomparirà
finché non riuscirà ad avere chiarezza.
Quando riacquisterò il controllo
e potrò salvare questo mondo!

— ALL'ALBA

Così!
Come in questa splendida alba,
quando non è notte velata
e il giorno ancora non arde con la sua fiamma.

In un risveglio tra blu e arancio,
in quel momento perfetto che è l'aurora.
Quando la solitudine e la paura mi catturano!

Sarà allora
che perderò la mia anima,
quando consegnerò a Lucifero tutto
fino a svanire nel nulla.
Fino a sentire la vita voltarmi le spalle,
fino a sentire la mia esistenza
spegnersi lentamente.

Sarà allora
che ricorderò le mie avventure mondane,
tutti quei momenti
di lussuria e di passione ostinata...

Le mille e una notti
su migliaia di cuscini diversi,
le mille e una storie
di amanti
con cui ho condiviso il letto...

Sarà allora
che ricorderò tutte quelle parole,
tutti quei consigli ignorati,
lasciati scivolare via...

I mille e uno errori commessi
con la mia indifferenza,
i mille e uno rimproveri
che ignorerò
con la coscienza perforata...

Così come oggi,
nel cuore dell'alba;
quando il silenzio si impadronisce delle parole,
quando la pace
non è più che una favola.

In quell'alba
in cui ho abbandonato la speranza,
in cui ho scambiato l'amore
per una passione cieca,
in quell'istante in cui mi sono allontanato
da ciò che ieri chiamavo casa...

Sarà allora
che non riuscirò a perdonarmi l'accaduto,
che capirò come il mio volere
sia stato la mia stessa condanna,
e comprenderò
che non potrò mai
guarire il mio orgoglio ferito.

Non potrò mai dimenticare
ciò che ieri tu ed io siamo stati.

Sarà allora
che vedrò di essermelo meritato,
che non avrei mai dovuto
credere alle tue menzogne,
che oggi mi mostrano un abisso.
Le parole della tua bocca
che mi gettano nel vuoto,
la sentenza della vita
che mi intrappola nell'oblio.

Sarà allora
che camminerò nel mondo senza motivo,
che perderò di me perfino l'aria
che mi tiene in vita,
che vedrò le mille e una tradizioni
che mi hanno spinto nell'abisso,
e sentirò
di essere stato io il colpevole
per non essere mai stato me stesso...

Così sarà la mia fine!
Quando la fiamma si spegnerà,
quando le mie mille e una tristezze
e i miei innumerevoli fallimenti
condanneranno la mia anima.

Così sarà
il mio eterno dormire
per dimenticare il tuo sguardo,
dopo essere morto in questa splendida alba,
dopo aver sentito il mio cuore
spegnersi, poco a poco...

— SOFFIO DEL MIO CUORE

Soffio del mio cuore,
ti prego, non portarti via la mia vita!
Resisti ancora un po',
non lasciarmi alla deriva!

Soffio del mio cuore,
ho paura di non avere tempo;
paura di morire
senza lasciare una traccia,
paura di andarmene lontano...
oltre
le tenebre...

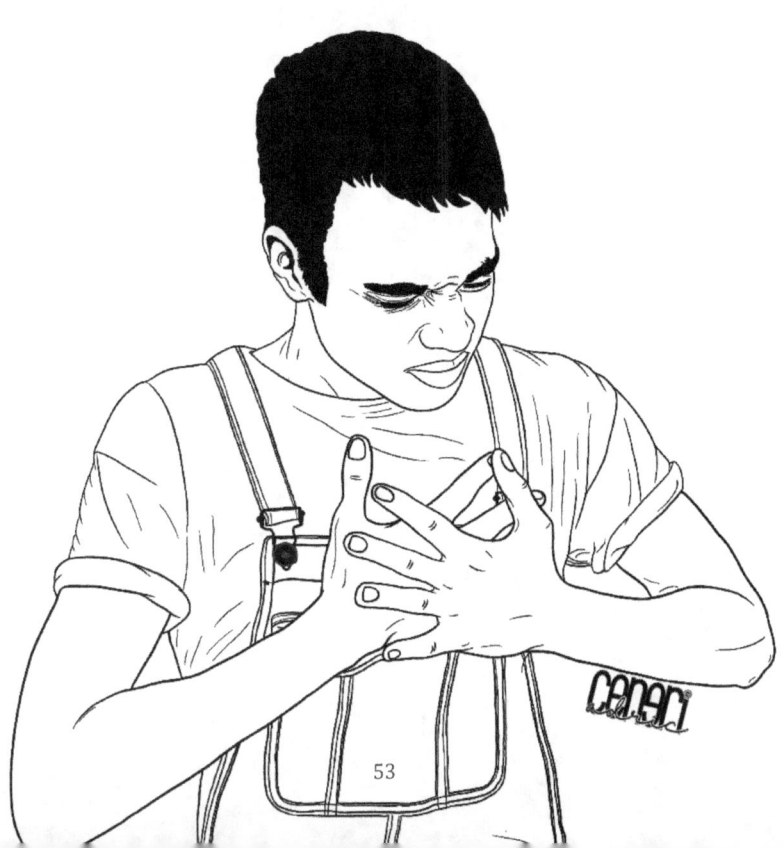

Soffio del mio cuore,
la mia vita è sempre stata
un tentativo vano.
Ho sempre cercato di dimenticare
e cancellare ciò che è accaduto;
ma ormai è troppo tardi...
e forse da questa
non uscirò vivo!

Se sono sempre stato irreale,
non potrò mai perdonare la mia falsità.
Non potrò mai perdonare il tempo
per avermi condannato,
e tanto meno la morte
per aver cercato di uccidermi...

Soffio del mio cuore,
non sono mai stato
del tutto puro.

Ricordo che tu ed io
siamo sempre stati uno.
Ti ho dimenticato…
e sei scomparso dal mio mondo!

E ora ritorni,
più forte che mai,
credendo che uccidermi
sia una decisione astuta.

L'unica cosa che posso dirti
è che mi arrendo questo settembre.
Nel pieno dell'autunno,
quando insieme alle foglie
anche la mia anima muore.

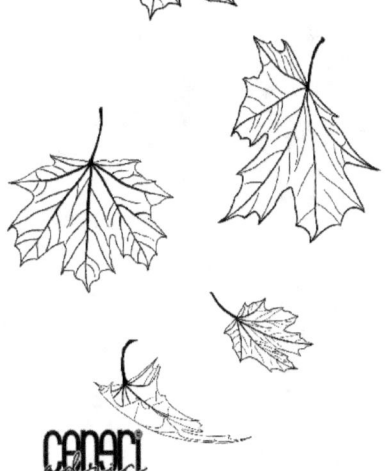

Soffio del mio cuore,
da te ho imparato solo dolore.
E voglio credere
che non sia stato vano,
perché
sì, ho goduto dei miei anni.

Soffio del mio cuore,
come potrei dimenticare chi sei;
quel tempo dell'87,
alla fine di dicembre!
Quei giorni in cui tu ed io
crescevamo nello stesso grembo.

Quando è stato
che sei diventato il mio nemico?
Perché ora vieni ad essere
una calamità e la mia condanna?

Soffio del mio cuore,
ho perso la fede in me stesso.
Strappami la vita,
ho perso la speranza e i miei motivi.

Uccidimi subito,
ma ti prego fallo in fretta...
perché la mia sofferenza
mi mutila!

— LA VISITA

La dama vestita di nero
mi ha sempre visitato.
Dal nulla, in ogni momento,
è sempre apparsa.

Fin dalla mia infanzia
ha voluto portarmi via
e non ci è riuscita.
Ha continuato a provarci
fino a oggi,
quando finalmente mi ha convinto.

Sono accadute tante cose
da quando sono nato — fino a oggi,
tanti momenti
di cui conservo ancora il dolore.

Porto nell'anima
tante ingiustizie
che mi colmano di rancore.
E non ho mai dimenticato il veleno
della sua voce dolce e fredda.

Tante volte sono riuscito
a fuggire dal suo angolo.
Tutte quelle corse
che le ho vinto
per essere stato più veloce.

Sempre attenta a volermi portare via,
e non ci è riuscita!
Sempre insistente;
ma la mia lotta per la vita
è finita.

Non provo invidia né rabbia
per ciò che mi è toccato.
Sento soltanto un immenso vuoto
nel fondo del mio cuore.

Oggi posso dire
che la mia volontà
sono sempre stato io.
Oggi posso sorridere, sereno,
sapendo che me ne vado.

La visita di questa dama
conferma soltanto il mio addio.
Arriva secca e fredda,
tra pianto senza assoluzione.

La visita della morte
non è stata né la migliore né la peggiore,
ma con me porto ben presente
un sorriso colmo di tradimento.

Porto con me
i miei errori commessi,
avvolti nel dolore,
uno dei tanti
che mi ha gettato a terra.

Porto con me
i miei peccati furtivi,
carichi di delusione,
e uno di essi
mi ha costretto
a perdere la ragione...

Mi ha costretto
a non lottare,
come un tempo facevo
senza paura...

CAPITOLO II

DESIDERIO
E LUSSURIA

— I MIEI AMORI CLANDESTINI

Nella vita ho avuto mille amori;
alcuni fugaci,
altri profondamente emotivi.
Ma alcuni mi hanno insegnato un dolore
il cui ardore ancora non riesco a placare.

Ogni istante e ogni esperienza
oggi fanno parte di ciò che sono.

Ho esplorato ogni parte del mio corpo
senza pensare a nulla,
solo all'istante,
alla dolce e intensa sensazione
dei miei desideri insaziabili, assetati di più passione.

Mille volte ho mandato l'amore al demonio
e mi sono aggrappato alla lussuria per dispetto,
soffocando ogni sentimento
che abitava il mio cuore.

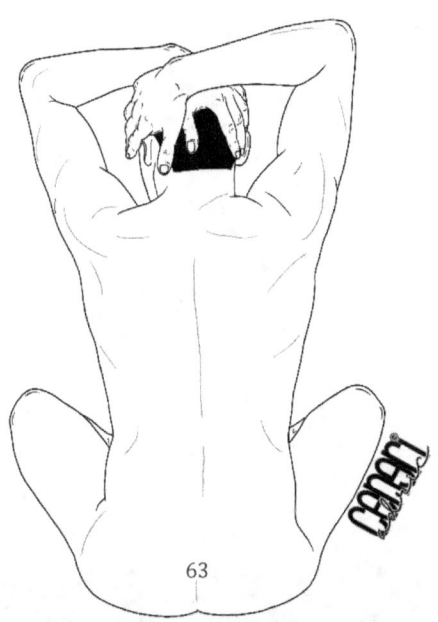

È stato il dolore e la disillusione
a spingermi verso il proibito.
Il mio rancore e il mio disprezzo,
l'inizio dei miei peccati furtivi...
E ho giocato con i miei desideri
fino a smarrire la strada!

Non avrei mai immaginato di arrivare a questo punto,
né tantomeno di scrivere i miei sacrilegi.
Ma non voglio più una soluzione!
La gente giudicherà sempre;
fa parte di ciò che è...

Oggi accetto la mia anima nera.

Voglio essere sempre io
a scegliere di cancellare i motivi.
Voglio essere sempre io
a decidere di prendere il proibito;
colui che non si pente di essere,
neppure se dovesse morire nell'oblio.

E se fa male?
Che faccia male!
Io insisto.

Perché la vita non è perfetta;
è vero,
l'ho imparato a forza...

Ho violato tante leggi del destino,
tanti sono stati i miei amori clandestini...
che oggi bevo un altro bicchiera mio favore.

— NON MI INNAMORO PER NIENTE

Avvolgimi solo tra le tue braccia
e non dire nulla.
Non ho bisogno di spiegazioni
in questa notte che sono nel tuo letto.

No. Ti prego.

So bene che me ne andrò all'alba.
Fammi tuo,
solo questa volta, senza parole.

Sono ubriaco,
e la notte sta già finendo.
Tu e io nel buio,
a divorarci la pelle.

Forse siamo solo
ciò che vogliamo dimenticare,
ma domani
non ricorderò nulla.

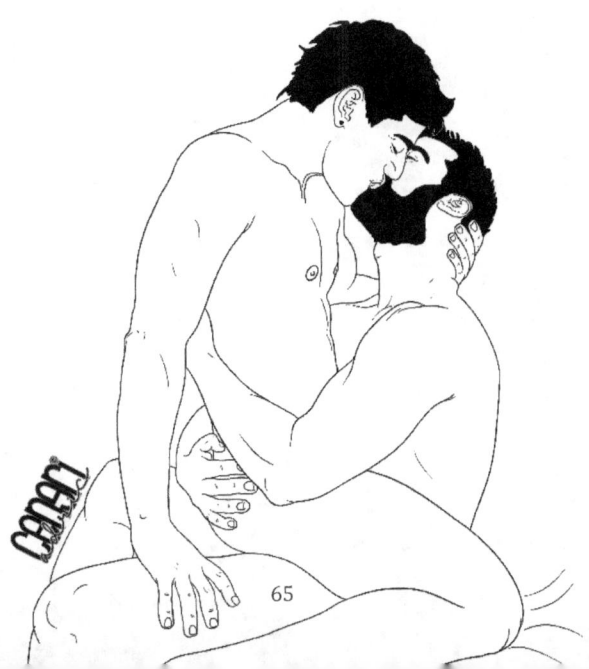

Non dirmi che mi ami, ti prego.

Dimostrami soltanto
che mi desideri davvero.

Perché domani
sarò tra le braccia di qualcun altro.
Sai bene che io
non mi innamoro per niente.

Spogliamoci
e godiamoci i nostri corpi.
Così.

So che nella mia solitudine
domani piangerò,
ma stanotte godrò
dei tuoi baci sulle mie labbra.
Le tue mani sul mio corpo,
e i tuoi occhi,
lussuriosi, addosso a me...

Lasciami uccidere le tue emozioni inutili,
lasciami cancellare dalla tua mente ogni dubbio.
Lasciami respirare stanotte
nel profondo della tua gola.
Le tue mani che scorrono sulla mia pelle,
mentre i tuoi gemiti forti riempiono la stanza!

Non promettermi nulla.
Sto bene così.

Continua soltanto a fare ciò che fai...
non fermarti.

E tutto ciò che potrei dire
sono solo bugie...
perché io non mi innamoro per niente,
e tu questo lo sapevi già.

— PRENDIMI LA VITA

Non abbandonarmi così,
in questo modo distruttivo.
Non lasciarmi con la mano tesa,
a supplicare che tu la prenda.

Ti amo tanto,
come ormai non si ama più in questi giorni!

Non allontanarti da me!
Non lasciarmi, amore mio!

Ora che capisco
che ti amo così tanto,
così tanto,
da non poter immaginare
il mio corpo senza le tue carezze...

Come potrei immaginarmi
senza i tuoi baci che mi incendiano,
senza i tuoi occhi bellissimi
che mi illudono?

Quando facendo l'amore
conosciamo l'adrenalina...

Quando stringi con la bocca
le mie labbra con forza,
quando la tua lingua
avvelena completamente la mia saliva!

Irresistibili le tue dita
che percorrono il mio corpo
con carezze abbondanti.

Inconfondibili le tue mani,
che mi stringono con passione ossessiva.
Mi fanno sentire
ciò che amo
e che allo stesso tempo mi ferisce!

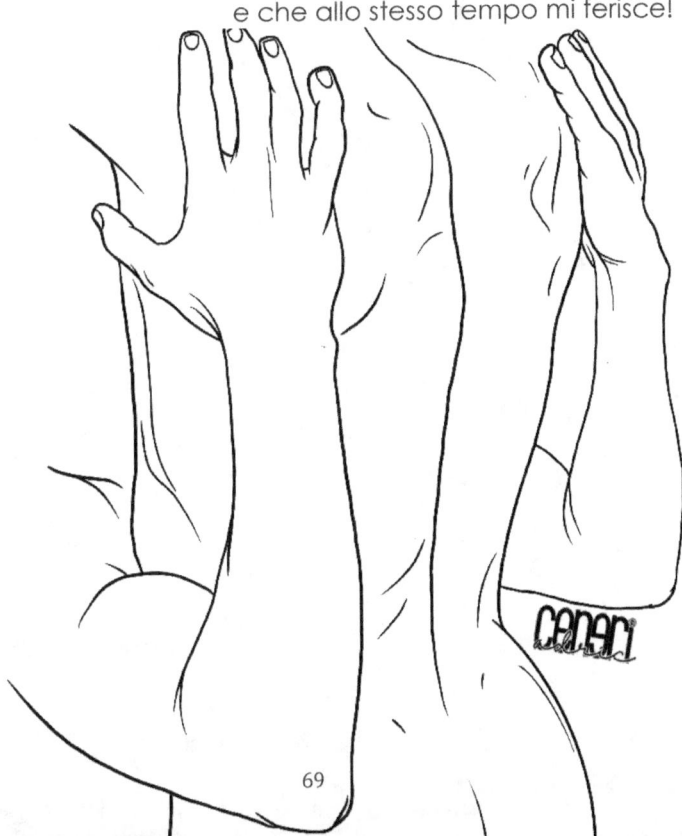

Questo amore ubriaco, stupido,
cieco, senza sguardo...
Non vede, né vuole sapere,
che la vita gli scivola via.

E la tua eloquenza
che mi rivela il desiderio delle tue pupille...

Quando mi approprio dei tuoi baci ardenti
riesco a vedere la tua versione,
quell'immagine maschile.

Vedo in te quell'ossessione,
la ragione per cui la mia anima morirebbe...

Senza le tue labbra dolci e fugaci
che mi proteggono,
che mi avvolgono in un'estasi
di passione continua...

Senza le tue follie e la tua amara lucidità,
che mi conquistano.

Che mi tengono prigioniero,
come l'arte tiene l'artista!

Non vedi
che tu ed io siamo una cosa sola?
Guardami!
Guarda nel profondo dei miei occhi…

Perché non senti che ti amo?
Non lasciarmi con il cuore spezzato.

Ascoltami, ti prego!
Il tempo se ne va,
il tempo è breve…

Prendimi la vita!
Ma, per Dio, non abbandonarmi.
Portami con te dove vuoi,
ma non deludermi.

Non lasciarmi qui,
a implorare di averti
per quest'ultima notte...

Ti prego, resta,
perché se te ne vai oggi...
domani, forse,
non riuscirò a perdonartelo.

— INFEDELE

Sì, voltati e accarezzami la pelle.
Voglio fondermi, perdermi in te.
Senza di te, amore mio,
la mia vita non è vita.

E anche se mi dici che questo è sbagliato,
so bene che tornerai…
e aspetterò il momento per amare.

Le nostre coppie non devono saperlo.
Non conviene che conoscano la verità;
soffrirebbero soltanto
e ci colmerebbero di rimproveri.

Se tu non sai il perché,
oggi ti godo più di ieri.
Non pensare — fondiamo la pelle…
stanotte che sono con te in questo hotel!

Scrivo di amori non permessi,
di conflitti intensi
che portano al suicidio,
di passioni proibite
nate da desideri repressi,
e dell'indecenza della strada
dove ho imparato a tradire.

Scrivo di amori proibiti,
che dichiarano amore al contorto,
che conquistano la gloria
ingannando il vicino,
e insieme si divorano
in un'unione infernale.

Tu,
il mio disegno perfetto della passione!

E io,
la tua opera migliore nell'arte di amare!
Quando ci divoriamo le labbra
fino a consumarle...

Per questo e per molto altro...
restituimi l'amore senza menzogne, questa volta,
quello che mi hai rubato ieri
e hai nascosto nei tuoi occhi di miele.

Scrivo di amori nemici,
di conseguenze che a volte non misuriamo,
quando viviamo la vita
senza curarci delle promesse,
di ciò che abbiamo giurato
davanti a quell'altare.

Ho scambiato l'amore per un sogno,
ho perso la vita senza combattere.
L'ho consegnata al peggior nemico,
a quel bastardo,
alla mia paura,
che mi guida da tanto tempo.

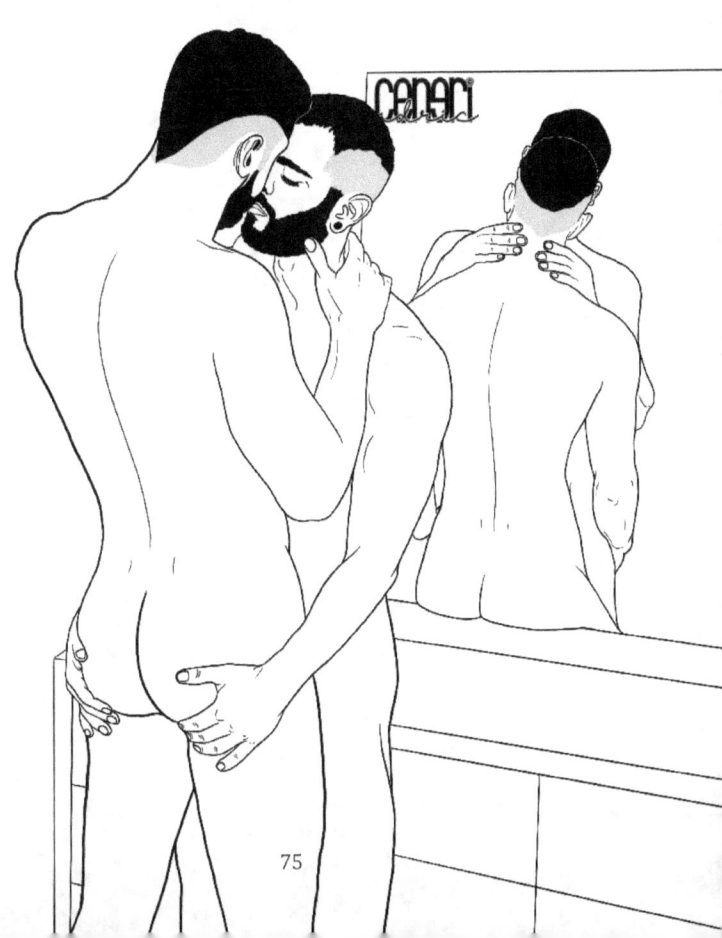

Scrivo di amori vissuti,
che hanno ucciso lentamente
il sentimento nascosto,
che hanno giocato con il cuore
di chi li ha amati,
e alla fine hanno perso tutto.

Scrivo di amori vuoti,
che fissano soltanto l'acqua di un fiume,
quello che porta
le loro lacrime senza sollievo,
e sussurra loro che ormai è troppo tardi
per poter rimediare.

— NUDO

Sensazione che mi controlli
come un burattino alla tua mercé.
Ora mi trovo nudo
sotto le mani della tua sete.

Le mie pupille si conficcano in ogni linea della tua pelle,
mentre il mio tatto ti avvolge
per colmarti di piacere...

Assediato dalle tue labbra dal sapore di miele,
mi inciti in ogni istante
con la tua splendida nudità!

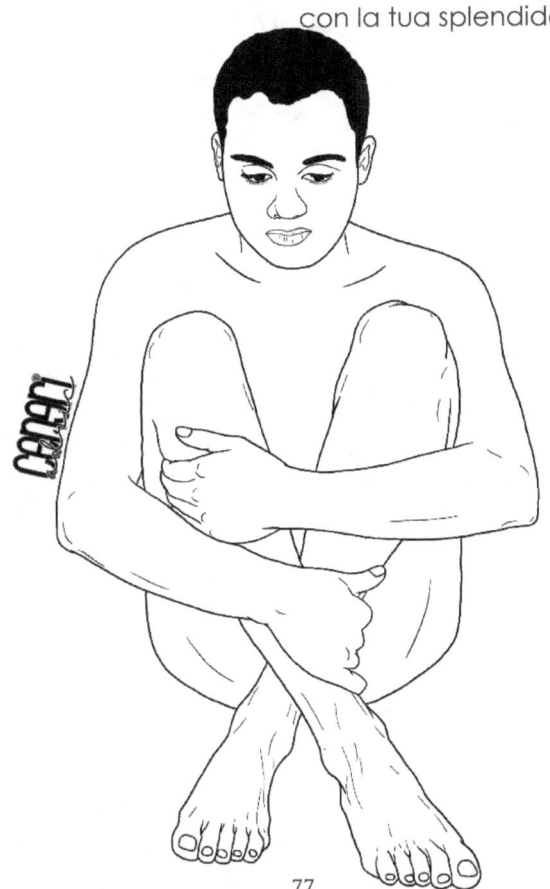

Margine civettuolo macchiato…
perché sei così crudele?
Completamente nudo mi lasci sempre
sotto l'incanto del tuo essere.

Mi mostri ciò che non avevo mai immaginato!
E quando il mio corpo è stremato,
ti allontani da me
per godere su un'altra pelle.

Nudo mi trovo.
Davanti a te, nudo sono sempre.
È impossibile resistere,
il mio corpo reclama la tua passione!

Provocazione profana
che governa tutto il mio essere,
mi pieghi sempre
a compiere il mio dovere!

Questa passione carnale
mi ha mostrato ciò che non avevo mai visto…
sentimenti ed emozioni
che non avrei mai creduto di conoscere…

Assediato tra le tue braccia…
godo dei tuoi baci di miele.
Ogni volta che ti sento così dentro
che diventiamo un'unica pelle!

Margine civettuolo macchiato,
non torturarmi questa volta!
Nudo, oggi sarò il tuo flagello d'incanto,
il masochista che si arrende al tuo piacere.
Oggi affogherò lentamente
mentre respiro i tuoi baci
che placano la mia sete.

Nudo mi trovo,
in attesa che tu scopra chi sono.
So che le tue mani mi cercheranno,
e aspetterò che mi trovino
per uccidere il mio pudore.
Nudo sono stato e nudo resto per te,
sotto il giogo delle tue mani
che mi danno soddisfazione.
Nudo vivo e nudo vivrò tra le tue braccia,
sotto il calore spogliato
dell'amore e del tradimento.

— PASSIONE

Nel riflesso delle tue pupille si nasconde,
vive quella passione che mi provoca.

Sulla tua schiena, la tua pelle color cannella,
che mi invita a peccare...
seducendomi con i baci della tua bocca!

Guardo i tuoi jeans azzurri...
consumati e strappati,
che mostrano poco.
E deliro per ciò che i miei occhi non vedono!

Mi avvicino a te...
e giochi a essere uno sconosciuto.

Giochi a essere colui
che non conosce il sapore delle mie labbra.
Se ieri,
nella passione ci fondevamo...
e mi gridavi: "ti amo"!

La mia passione animale
si aggrappa al profumo della tua pelle.

Mi impossesso del tuo corpo
e ti getto con forza
sulla ghiaia sabbiosa.
Le mie braccia ti tengono prigioniero,
mi eccita l'idea
di prenderti dalla bocca!

Divorare quelle labbra carnose e rosate,
fino a non resistere più
e strapparti il resto dei vestiti.

Toccare la tua pelle nuda
e sentire come le mie mani ti accendono.
Vedere come godi
quando ti vesto dei miei baci,
quando le mie labbra
scivolano lungo il tuo collo sottile…

Per quanto tu voglia,
non riuscirai a liberarti di me!
Non potrai dimenticare le mie mani
che ti toccano così!
Sì! Così! È inutile! No…
il mio desiderio per te non finisce…

81

Non negarti questo:
il nostro peccato è bello, è grande.
Non importa se siamo solo due esseri umani
che si divorano la carne...

Non allontanarmi
da questo sentimento che arde,
dalla sensazione delle nostre carezze
che mi costringono a desiderarti...

Mi soffoco nei tuoi abbracci forti
che mi stringono.
Non voglio liberarmi dei tuoi baci
che mi addolciscono.
E imparo,
poco a poco, da questo sesso,
da questo nido,
ciò che nessuno
mi ha mai fatto sentire prima...

— UNA MATTINA A COLIMA

Quella mattina al tuo fianco
mi sono sentito immensamente felice.

Al risveglio,
sotto le tue braccia forti,
ho dimenticato il mondo
e mi sono consegnato a te.

Mi sono donato alla tua strana immagine
di romanticismo e piacere,
a quelle labbra segnate,
senza pudore,
senza ragione.

Hai lasciato il tuo ritratto impresso,
si è inciso nella mia mente confusa,
è rimasto sospeso
nella mia vana riflessione.

Ricordare il tuo sguardo
su quel cuscino morbido.
Immaginare le tue labbra consumate, intense,
accese di piacere
e di fuoco allo stesso tempo.

ceneri

Le tue mani appassionate
che continuano a invitarmi a tornare,
a rivivere, a desiderare...

Tu non mi ami
e non mi dimentichi...
ma i tuoi richiami al peccato
sono quasi impossibili da rifiutare.

La lussuria dei nostri corpi nudi
mi ha lasciato più perso che mai;
mi sono smarrito nella passione,
in quel letto ardente di carne.

Sazio di un amore ingiusto,
di una passione masochista,
ma feconda...

Di noi,
della follia,
e del tuo nudo.

CAPITOLO III

CONDANNA

— CAMMINO SOLO

Ho fatto l'impossibile una volta,
tanto tempo fa...
e per ogni decisione che ho preso
ho pagato un prezzo immenso.

Sono certo di aver sbagliato tutto;
ho lasciato il mio cuore bruciare
e non ho evitato il mio stesso sepolcro.
Ho sofferto il dolore del mio cuore
e sono morto senza saperlo.

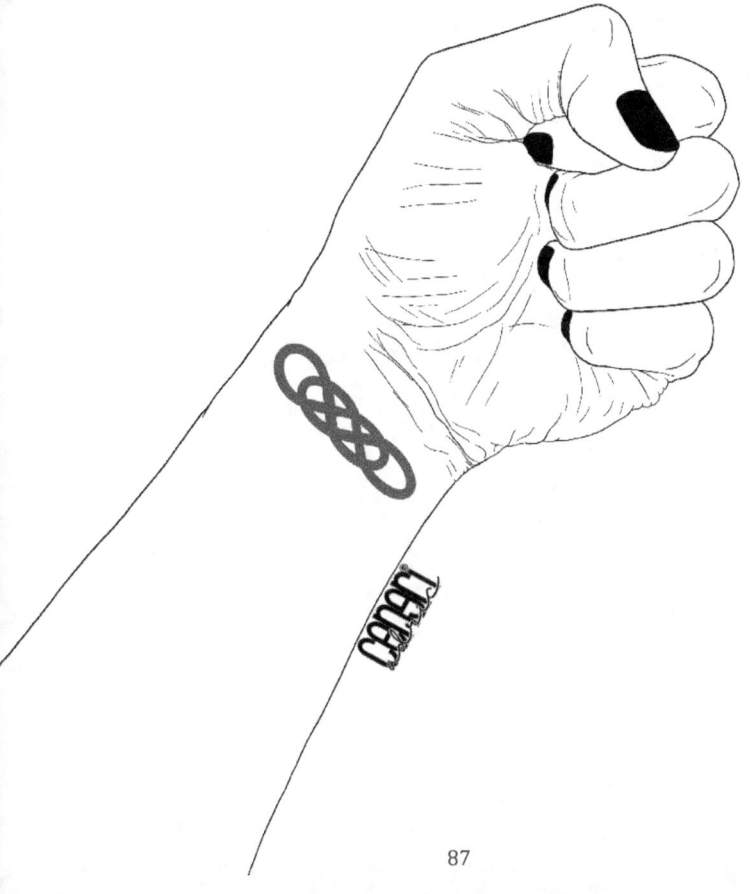

Sono stato cancellato dalla faccia della terra
senza preavviso,
destinato a morire,
ma sono rinato nell'alba di un nuovo inizio.

Mi sono visto sull'orlo della vendetta,
confuso e colmo di rabbia contro la mia anima.
Ma chi sono io
per dare giustizia
senza offrire pace?

So di essere forte,
ma non comprendo
ciò che il futuro mi riserva.
Perché non sono morto
e la mia anima è ancora incatenata?

Perché mi è stata consegnata
l'anima della fenice?

Come dovrei imparare a controllare
le mie paure e le mie speranze?

Non ci sono risposte
per tante domande che non finiscono mai.

Vedo la parabola della mia volontà
e non riesco a trovare il modo
di smettere di fingere che nulla accada
e di credere che io sia già morto.

Non credo nel cielo né nel Signore,
sono condannato a guidare il mio stesso controllo.
Eppure non sono più così sicuro
di chi io sia davvero.

Le emozioni sono il mio caos,
e sono sul punto di strapparmi il cuore,
sul punto di voltare le spalle
a ciò che un tempo la mia anima amava di più.

Ricordo
che la vita non mi ha mai abbandonato,
ma tutto è cambiato
e io con lei, per evitare il dolore.

Cammino solo
su questa vecchia strada polverosa,
allontanandomi da tutto
ciò che ho conosciuto.

89

— IL MIO VECCHIO AMORE

Com'è possibile che non abbia visto la verità?
Mi stavi lasciando e io, così cieco, non l'ho capito.
Non avrei mai pensato che potessi essere
così freddo e crudele,
e ora pago la mia condanna con le lacrime,
per colpa tua...

E anche se in questo momento sono sconfitto,
sappi che mi rialzerò.
Esistono sempre seconde possibilità,
e resterò qui ad aspettare
per ricominciare ancora.

Un giorno troverò un amore sincero,
qualcuno con cui condividere il mio universo.
Un giorno lo saprò con certezza,
quando davanti a me
ci sarà chi ho tanto atteso.

Di una cosa sono certo: non ti dimenticherò.
Sarai sempre parte di me, in qualche modo.
Ma troverò qualcuno migliore di ciò che sei stato,
qualcuno disposto a restare
al mio fianco destro.

Fa male sapere che ti ho dato più di quanto potessi,
e che non mi hai mai valorizzato;
per te sono stato solo un passatempo.

Ho tradito l'amor proprio
per aggrapparmi ai tuoi disprezzi.
Tutto per renderti felice,
eppure nulla è mai stato abbastanza per te...

Ci sono voci...
la gente dice che sei rimasto solo,
che la solitudine ha preso dimora nella tua vita,
e che ormai nessuno ti fa visita.

Tutto ciò che facciamo nella vita
ha delle conseguenze,
ed è triste che questa
sia la tua punizione.

Mio vecchio amore, ti ricorderò sempre,
ma non posso voltarmi indietro.
Non sono più colui che hai lasciato;
sono cambiato in mille modi.

Mio vecchio amore,
spero che tu sappia trovare la porta.
So che non morirai,
non ne ho dubbi,
ma attraverserai la tua tempesta.

Spero tu non sprechi
la tua prossima occasione;
potrebbe essere l'ultima —
fa' attenzione a come agisci.

Mio vecchio amore,
hai già vissuto questa burrasca
e hai pagato i tuoi errori
a un prezzo incalcolabile.
Non commettere lo stesso
sbaglio ancora;
la prossima volta...
potresti non riuscire a superarla.

— SPEZZATO

Mi sono rinchiuso
lontano dalla tua portata.
Là dove non vale più nemmeno odiarti.

Cancella il tuo sorriso — capisci che non hai vinto;
sono stato io a distruggerti in un istante.

Un frammento di ghiaccio
è ciò che sei sempre stato,
ora spezzato, come hai scelto di essere.
Ho perso tanto con te,
davvero tanto!

Ma sono più forte
di quanto tu possa immaginare...

Mi hai insegnato bene
come diventare più forte,
come strappare via di fronte
i miei stessi desideri.
Così ho spezzato per sempre il nostro futuro,
perché non eravamo destinati all'eternità;
non ci spettava stare insieme,
anche se quello era il nostro sogno.

Ho pagato un prezzo
che mi ha lasciato un vuoto indecente.
Ora vedo errori molteplici, deprimenti.
Ma tu sei stato egoista
e mi hai ignorato completamente;
hai ucciso la pazienza e i miei sogni,
fino a farli morire di malattia.

Non cambierei nulla di ciò che è accaduto:
mi hai dato mille ragioni per lasciarti
e nessuna
per restare con te.

Ora sei tu
a non avere più nulla da dire,
e sai bene che fa più male a te.
Hai fallito,
e il tuo cuore
l'ho fatto a pezzi io!

Ora so che ho sempre avuto una scelta,
che ero l'unico con il potere di decidere.
Ho sbagliato a credere in te;
ho commesso un grande errore!

Ho cercato di offrirti
un paradiso colmo d'amore.
Ho provato di tutto,
ma il tuo cuore era già spezzato.
E ora ti trovi in un luogo
ancora peggiore…

Sei dove sei
per colpa della tua attitudine,
e sorrido sapendo
che non porterai la mia croce.
Addio — *caro Leone*,
non ti temo più,
perché ancora una volta
sei caduto a terra,
e questa volta
ho visto il tuo cuore freddo spezzarsi,
compagno.

— IO TI HO AMATO

Io ti ho amato —
ti ho amato finché è durato.
Ti ho dato il mio amore,
ti ho dato il mio cuore,
e anche se non mi hai mai amato
allo stesso modo…
ho sempre cercato
di essere per te il meglio.

Sono stato ciò che hai sempre desiderato,
e mi sono trasformato nel trofeo che hai vinto.
Un pezzo da collezione
per gonfiare il tuo grande ego.
Un altro cuscino nel tuo letto
da poter stringere…

Anche se volessi amarti ancora,
non potrei amare senza volermi bene.
Ti ho dato un'occasione,
e non l'hai saputa cogliere.
Ti ho amato per tutto questo tempo…
ma oggi sento soltanto
un vuoto immenso.

Mi sento confuso, perché
eri tutto ciò che avevo sempre desiderato.
Oggi sono certo
di essermi sbagliato.

Con tutto il mio cuore
ti scrivo questa lettera d'addio.
Col tempo guariranno
le ferite profonde della mia vita.

Spero soltanto che tu possa trovare,
nella tua solitudine, il coraggio
e la forza perché un giorno tu possa essere,
nella vita,
una persona migliore.

— **NON TI AMO PIÙ**

Per tutto ciò che abbiamo fatto male,
posso dirti solo questo: *il mio amore è svanito.*
Per tutte le volte
in cui abbiamo pensato soltanto a noi stessi,
posso dirti soltanto:
non sono più innamorato.

Se solo l'avessi previsto…
se tu avessi avuto cura del nostro amore,
oggi queste righe sarebbero diverse;
avrebbero potuto essere
una poesia d'amore.

Le circostanze non sono mai state facili,
né lo sono adesso,
ma abbiamo sempre saputo
peggiorare ogni situazione.

A tutto ciò che dicevo
aggiungevi il tuo rumore…
e a tutto ciò che dicevi,
io non ho mai prestato attenzione…

Non ci siamo mai amati davvero;
il mio cuore era confuso
e ha scelto male.
Non avevamo nulla in comune,
e la tua ostinazione
ha finito per soffocarmi.

Non avrei dovuto permettere
che arrivassimo fin qui...
avrei dovuto lasciarti allora,
per evitare questa guerra.

Ora mi resta soltanto il rancore.
Tu mi detesti.
E io ti odio per tutto ciò che hai fatto.

E poiché non c'è molto altro da dire,
lo dirò chiaramente:
non sono più innamorato di te.
Non ci sono dubbi,
non c'è ritorno.

Addio, x.
E che Dio abbia pietà di te.

— IERI, NESSUN SOLLIEVO

Vorrei sapere come non ricordare il passato
in cui ti ho incontrato.
Tutti i miei sacrifici mal ripagati,
e i ricordi
dei tuoi mille errori.

È passato tanto tempo,
e mi pesa questa idea di odiarti così…
oggi che è ormai troppo tardi,
voglio soltanto dimenticarti.

Freddo.
Mi hai gelato il cuore
con le parole glaciali della tua voce…
ieri, nessun sollievo.

Forse
oggi mi hai condannato,
ma tornerò ad amare…
Oggi ho chiuso questo capitolo,
senza valore,
e con dolore…

Affondo, intimorito,
quando guardo in faccia la verità…

Mi sono mentito.
Ho voluto credere in un'illusione,
e senza accorgermene
mi sono perso nella solitudine.

Ti ho mentito.
E nemmeno per un secondo me ne sono pentito.
No.

L'amore che provavo per te
sei stato tu stesso a consumarlo,
e senza più pena
ti ho finalmente strappato da me.

Questa sensazione che mi congela
mi condanna
e mi ferisce ancora...

Sono quei ricordi che oggi mi intrappolano,
scoprendo che non mi hai mai amato...
e io sì.

101

Senza di te sarò felice,
solo, nelle mie gioie.
Ricominciando da zero,
riprendendo la mia vita.

La mia solitudine,
la mia amarezza,
il mio logorio…
tutto ciò che ho nascosto sotto il tuo giogo,
te lo restituisco.

Dio sa
che non porterò più
ciò che non mi serve.

E la tenacia della mia anima
l'ho colpita con forza,
perché non torni mai più
a complicare il mio destino.

Così è…
oggi ho perso.
Ma la vita si occuperà di te.
E ricordalo:
ieri, nessun sollievo.

— PASSERANNO MOLTI ANNI

Sono stati tanti
i perdoni concessi...
tanti i tuoi errori
che mi hanno ferito!

Fa così male oggi
non essere al tuo fianco...
ma fa ancora più male ricordare
le menzogne sulle tue labbra!

È stato il tuo egoismo
un calvario crudele,
eppure
ho sempre scelto di restare con te...

Come hai potuto distruggere
l'amore in soli due anni?
So bene che l'hai lasciato morire,
è morto tra i tuoi inganni...

E passeranno molti anni...
anni interi,
prima che io torni a sentire!

Hai imbalsamato il mio cuore
tra le menzogne...
lo hai condannato
a non battere più!

E affronterò tutto il danno...
perché mi rafforzerò
e crescerò senza di te.

Oggi voglio credere
che non sia stato vano,
che sia valsa la pena
soffrire così...

E domani...
non resterai nemmeno nella mia anima!
Oggi capisco
di essere stato troppo per te...

So bene che il tuo ego è a pezzi,
perché non hai mai valorizzato
ciò che ti ho dato.

Sono certo che il futuro
ti farà sentire il fallimento,
quando la solitudine
si impossesserà di te...

Quando ti avvolgerà
con le sue braccia fredde,
e vorrai recuperare
un po' di ciò che tanto ti ho dato...

Saprai anche
che una e mille volte ti ho perdonato...
e continuavi a tradirmi
finché mi sono stancato.

Ti ho perdonato una e mille volte,
ma le tue infedeltà...
non le ho mai dimenticate.

CAPITOLO IV

POESIA ASSOLUTA

— CHE COSA VI SUCCEDE

La mia vita è diversa…
prigioniero e libero tra le mie rime,
a volte stanco di perdere…
altre volte con la voglia di vincere.

Nella mia anima ci sono pene che contaminano,
lamenti che scoraggiano.
Mi copro gli occhi per non vedere,
perché la gente sa essere crudele…

La mia famiglia,
la società e le sue leggi
hanno pianificato la mia vita
prima ancora che io nascessi!

Che cosa vi succede?!
Non ho chiesto di far parte delle vostre alleanze.
Questa società vive giustificando i propri fallimenti.
Vivono in un sistema corrotto
che soffoca, che uccide…
dove i sogni muoiono
divorati dalla falsità…

I tempi cambiano,
ma non tutte le menti avanzano.
C'è chi resta fermo
in leggi cariche di crudeltà...

La vita è un dono.
L'amore non va capito:
va vissuto nel suo momento.

Bisogna amare senza paura,
mettere da parte i contesti,
ed essere felici con ciò che abbiamo.

La felicità non la dà il denaro.
Ciò che dice la vicina o chiunque altro...
le vostre opinioni non mi fermeranno!

Che cosa vi succede?!
Non avete alcun diritto di minacciare.
Non valete nulla!

Non riuscirete mai a tagliarmi le ali;
anche se mi voltate le spalle,
non smetterò mai di essere originale.

E anche se cadrò mille volte,
mille volte mi rialzerò…

Anche con l'anima in catene,
ho un futuro,
ho un domani.

Non dubiterò mai della mia felicità.
Sono stato forte
e lo sarò fino alla fine.
Ciò che dite non ha alcun valore per me!

A distanza
non potrete mai rubarmi la speranza.
Da quando conosco la calma,
essa abita la mia anima...

La mia mente non cambia;
se ne vanno soltanto i pensieri negativi.
Il dramma si dissolve,
la mia pace interiore cresce senza limiti...

La vita è il tentativo della felicità!

— FINCHÉ NON SMETTO DI CREDERE

Un altro anno si apre nel futuro,
tanto da imparare,
da insegnare,
e anche da lasciare andare...

Ogni volta che vedo le scelte
inginocchiate davanti a me,
sono certo di ciò in cui ho sempre creduto!

Col tempo ho imparato molte cose.
Oggi ho compreso
che sono io a scegliere il mio destino;
per questo lascio indietro ciò che non mi serve,
per diventare la versione migliore di me stesso.

L'ambizione della vita ha indebolito il mio sentire,
ma non mi arrenderò né permetterò di cadere.
Sono più forte di quanto un tempo credessi;
so che posso ottenere tutto
se così decido.

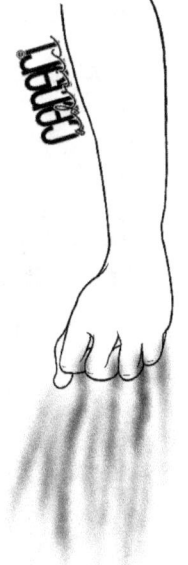

Si avvicina la fine dell'inverno,
promettendo di rinascere tra marzo e aprile...

Per molto tempo ho atteso
di recuperare i miei sogni,
ho creduto di poter dominare completamente
la mia volontà.

Oggi ho un'altra possibilità
di essere chi desidero essere.

Di restare innamorato
o imparare a essere libero da te;
ho sempre conosciuto il prezzo dell'adattarsi al mondo,
ma ora non permetto più
che siano le emozioni a decidere per me.

Così come amo,
posso distruggere ciò che non mi serve più.
L'oscurità ha mostrato ai miei occhi
ciò che prima non riuscivo a vedere:
quello che ora comprendo nel vederti piangere,
nel riconoscere quanto tu sia stato reale per me.

Per questo, finché non smetterò di credere,
non tornerò mai più a essere
chi sono stato una volta...

Devo trasformarmi
nella mia stessa oscurità,
per equilibrare la mente
e smettere di soffrire.

— **RESA**

Una volta mi sono sentito perduto,
ma stranamente libero.
Guardando indietro,
le mie paure mi attraversano la pelle
e il corpo mi si riempie di brividi.

Terrorizzato,
ho chiuso gli occhi senza riaprirli.
Mi sono smarrito,
ho danzato con il diavolo
fino a cadere,
inermi,
sospeso fuori dal tempo.

Ho pensato alla mia ombra,
alle mie mille cicatrici,
e quella voce nella testa ha sussurrato:
è ora...
lasciala andare.

Ma sono tornato nell'oscurità assoluta,
come se il mio destino fosse scritto
senza chiedermi il permesso.

La vita ha fratturato la mia anima,
ha fatto crollare il mio mondo.
Ho imparato a sostenere il dolore
finché il dolore ha sostenuto me.
La mia ferita è diventata odio,
e io...
il suo ospite.

Davanti al Diavolo ho chiesto perdono
e ho consegnato la mia anima
senza condizioni.

Sono sempre stato
figlio della luna grigia.
Ho vissuto le notti più oscure in te,
amandoti.

Ho capito allora
che saresti stata soltanto memoria.
Nulla promette eternità,
né oggi
né tra cento primavere.

Ferito, ho desiderato vendetta.
Ho voluto che il mondo facesse male
come facevo male io.
Ho cercato una cura
per la mia miseria,
per la mia agonia.

Ho bruciato nel fuoco delle mie tragedie
e ho lasciato che tutto mi consumasse...
fino a morire.

Credevo che la sofferenza sarebbe finita,
ma sono rinato.
E non è stato sollievo.

Dentro
mi sentivo più forte,
ma vuoto.
Mi sono fatto giudice,
ho versato sangue e condanne.
Nulla mi ha fermato.
Non restava amore.

L'amarezza ha riempito la mia anima.
Ero perduto.
La vita mi ha deformato:
mi hanno fatto così,
non sono nato così.

E sono morto solo,
senza ritrovare
ciò che avevo perso.

Nell'oscurità ho smarrito la mia anima.
La follia mi abitava.
L'odio
era la mia voce.

— **UN SOGNO SPEZZATO**

Voglio solo sopravvivere all'ieri,
tornare a credere,
sapere che la speranza esiste ancora.

Voglio trovare una via d'uscita,
osare fidarmi di nuovo.
Dissolvere questa rabbia,
liberarmi da lui.

Le mie emozioni si sono spente lentamente.
Ho perso l'innocenza
cadendo nelle sue reti.
Sono diventato un oggetto,
un giocattolo obbediente,
e ho dubitato per sempre
di meritare la felicità.

Lui ha commesso un crimine,
e il mio cuore è rimasto ancora più spezzato.
Mi ha ferito dentro,
e oggi il suo ricordo
mi genera conflitto
e disprezzo.

La società mi ha negato rifugio,
ma lui è apparso con un falso conforto.
So che ha corrotto i miei sogni,
e nessuno,
nessuno mi ha chiesto
se stessi bene.

È stato in quel letto
che ho visto andarsene la mia innocenza.
Tra parole dolci
ho cercato riparo nel suo corpo.
Mi sono innamorato della miseria
che la sua pedofilia mi ha fatto sentire.

Volevo solo un tetto,
e ha coperto la mia pelle
di carezze e di baci.
Senza amore, senza protezione,
mi ha preso all'amo.
Senza genitori,
mi sono arreso.

Oggi, davanti allo specchio,
che io lo voglia o no,
lui mi ha segnato.

Ma pagherà per ciò che mi ha fatto.
Un giorno guarirò questa ferita,
e il passato
sarà soltanto
un sogno spezzato.

Forse lo odierò per sempre,
ma continuerò a tentare
di lasciare andare l'ieri.

Anche se gli anni
tingeranno di bianco i miei capelli,
quel ricordo persiste.
Fa male sapere
che non si cancella.

La mia anima soffre nel capire
che il mio cuore è stato infranto.
Che non tutto si ripara.
Che la mia storia
è stata segnata da lui.

Avrei potuto incolpare molti,
ma il danno ormai esiste.
La mia infanzia è stata un inferno,
ho cicatrici tatuate sulla pelle.
E oggi lo comprendo:
anche nella sua infanzia
qualcuno abusò di lui.

Ma non ci sono scuse.
Non c'è assoluzione.
Lui è stato il pedofilo
che mi ha rubato l'infanzia.

— TUTTO QUESTO VELENO

Ciò che desidero di più è darti questo poema da
leggere
e sapere se nella tua anima è esistito per me
anche solo un segno d'affetto, una scintilla di fede.

Senza saperlo sei stato il mio incubo,
sei stato tu a seminare il mio dolore.
Ho accumulato tanto odio
che oggi non so
che farne.

Tutto questo veleno è nato da ciò che hanno permesso:
l'ignoranza,
il disprezzo della gente.
Ho dovuto essere forte,
lottare contro i pregiudizi altrui.

Ho interrogato Dio per avermi fatto così.
Volevo soltanto essere accettato per ciò che ero,
e mi hanno gettato nel fango.
I pregiudizi sono riusciti a inaridirmi,
e io ero soltanto un bambino
che ha perso la fede.

E anche se gli anni passeranno,
porterò sempre questo lutto.
Sarò sempre quel piccolo
giustiziato davanti ai tuoi occhi,
e tu non hai saputo vedere.

Ho bisogno di calma per comprendere la mia esistenza,
per capire come non hai potuto,
come non hai visto ciò che ho vissuto.

Ho cercato di comprendere la miseria
nel freddo di ciò che mi è toccato soffrire.
I colpi fanno ancora male,
porto ancora cicatrici su di me.

Mi sono trascinato a terra,
mi sono inginocchiato davanti alla paura,
ma sono sempre sopravvissuto al destino.

Nell'anima porto mille peccati
che il mio stesso inferno ha raccolto,
e la mia anima stanca
non vuole più andare avanti.

Un giorno supererò ciò che mi ferisce,
e il passato sarà soltanto un sogno spezzato.
Forse ti odierò per tutta la vita,
ma continuerò a tentare
di lasciare andare l'ieri.

Anche se gli anni mi regaleranno
capelli bianchi,
continuerò a essere quel nipote,
il bambino segnato oltre ogni misura.

Questi ricordi che ancora mi inseguono
sono il tormento
che nutre il mio odio.
E anche se il passato non può essere riparato,
ogni giorno cerco
di comprenderne il perché.

Sarebbe facile incolparti,
ma questo non guarisce né consola.

Nella mia anima è rimasto un vuoto immenso,
nulla lo colma,
nulla ne placa la sete.

Perché io ero soltanto il nipote,
il bambino che si è spezzato del tutto,
fino a non poterne più.
Eppure ho sempre fatto ciò che volevi,
sono stato il bambino che ha perso tutto,
e il mio dolore
non ti è mai importato.

— SPECCHIETTO RETROVISORE

Mi mostri il rovescio di questo mondo,
volubile e arido come il sentimento bruto.
Sono stanco di peccare senza trovare lutto,
colmo d'ira per un passato assurdo.

Perdonare?
Mi chiedi di perdonare,
quando a me non ha perdonato nessuno?

Me ne vado paziente,
lento, portando un orgoglio consumato.
Tra la tua voce stanca
e il tuo pianto spezzato — carico di amarezze —
mi hai distrutto la vita
senza rimedio assoluto.

E tu?
Riflesso...
lo chiedi a me?
Per Dio, non ti dimenticherò.
Dovrò ricordarti
per donarti la tua fine.

Le ansie stanche del mio procedere,
le piaghe segnate dal tuo maledetto potere
non sono che la causa
del tuo amore obbligato.

Riflesso clandestino che conosci la mia verità,
tu,
che sai ciò che nascondo mentre aspetto.
Tu,
che conosci ciò che soffro nel restare indietro.

Riflesso clandestino che cammini senza guardare,
dissolvi la mia vita
e termina questa tortura mortale.
Sono così volubile
che fatico persino a pensare.

Specchietto retrovisore,
mi mostri la porta e poi te ne vai.
Sono un codardo,
un tratto incompiuto, assetato di fede.
Sono un inganno,
la macchia scura della mia nudità.
Sono quell'anziano
rinchiuso in un cuore senza fede.

— AMAMI COSÌ

Una volta ho bevuto le mie lacrime dolorose,
ero ferito e non trovavo sollievo...
avevo freddo...
Spaventato, ho chiuso gli occhi e non li ho più riaperti.
Mi sono perso e ho danzato con il diavolo fino a cadere,
e la colpa è stata mia...

Non giudicare la mia oscurità
né le mie cicatrici.
Sento il dolore del mio stesso cuore,
la colpa della mia stessa mente...

Non sei nessuno
per giudicare chi sono.
Ed è tutto ciò che devi sapere.
Non si può annullare
ciò che è già accaduto.
Se mi ami...
amami così.
Non cambiarmi.
Amami così.

Credimi...
non puoi cambiarlo,
non puoi cancellarlo...

E mi piace poter essere qui con te,
imparando un amore così pieno di colori.
Questa è la verità.

Tu ed io abbiamo una chimica inevitabile.
Ammiro le tue fantasie irrevocabili,
infinitamente desiderabili.
Sei destinato a essere un capitolo
della mia storia.

Lasciami amarti
come se fossi la tua fantasia,
come se fossi la tua gloria.
Come se amassi senza riserve,
dando tutto,
ciò che hai, amore mio,
con ardore.

— LA SUA VITA SCORRE

Non ha voluto continuare così...
il tormento lo feriva.
Il passato e i suoi atti
nemmeno il tempo avrebbe guarito...

È sempre riuscito ad andare avanti
con i suoi mille difetti.
Ma le sue preghiere assurde
nemmeno Dio ha ascoltato nel silenzio...

Le sue pene, tristi e amare,
lo costringevano a soffrire.
E la voglia di vivere sorridendo
poco a poco si è spenta così...

E la sua vita è crollata,
facendogli perdere la speranza.

L'odio ha cambiato il piano.
Ha tentato di cancellare
persino il proprio nome...
Ha finto di non sentire il dolore
e ha finito per sentirlo il doppio.

È stato allora che è morta
la sua bontà in un istante...
trovando nella ferita la forza
per andare avanti.

La sua anima…
a volte serena,
a volte stanca,
altre volte smarrita.

La sua anima…
in un mondo vuoto e crudele,
che gli ha consegnato un futuro
che non aveva mai immaginato…

E allora ha deciso:
non essere più fragile
come quel bambino,
fare della notte
la casa che lo protegge
dalle sue pene.

Il luogo che lo sostiene...
e ora che è adulto,
non più un bambino,
resta spezzato ogni notte.
Si espone al proprio giudizio,
inventando mille scuse
per concedersi di piangere...

Così,
la sua vita scorre...
il tempo corre veloce
e non basta mai.
Sfuggono
quelle lacrime salate...
La sua anima si è spezzata
nel comprendere
che nessuno sfugge.

Nemmeno con tutto il coraggio...
il destino prima o poi ti raggiunge,
ti afferra sempre.

— I MIEI SCRITTI

Voglio raccontarti bene ciò che è accaduto,
quel passato che mi ha condotto fino a te...
quegli eventi
che mi hanno reso ciò che sono.

Sento ancora il vuoto nel cuore:
un'eco muta carica di rabbia
e di dolore.
Solo Dio sa
ciò che è successo.

Non voglio più offrirti scuse
dal gelo del mio dolore.
Voglio calma
per condividerla insieme,
e dirti che non sei tu,
né sono io.

Non voglio più tristezze
a oscurare il nostro amore.
Niente più lacrime salate
a tradire la mia paura.

Voglio soltanto una vita
colma di pace
e di amore.

Non sai ancora chi sono,
ma sono pronto a mostrarti il mio copione,
a permetterti di camminare
nei capitoli che ho vissuto,
a insegnarti il dolore
che porto nella mia anima azzurra.

Per questo sono così grato:
il tuo amore mi dà la forza
di andare avanti con coraggio.
Senza quel passato,
questo presente sarebbe un altro,
e non quello che sono oggi.

Nei miei scritti
sono rimaste le mie impronte sulla carta.
In quel letto mi hanno rubato
l'innocenza e l'infanzia;
sono quel libro
che hanno distrutto senza leggere.

Mi hanno cambiato i capitoli
senza il mio consenso.
Hanno inciso le tragedie
sulla mia pelle.
Hanno abusato oltre ogni limite,
eppure sono ancora in piedi,
a lottare contro un destino infedele.

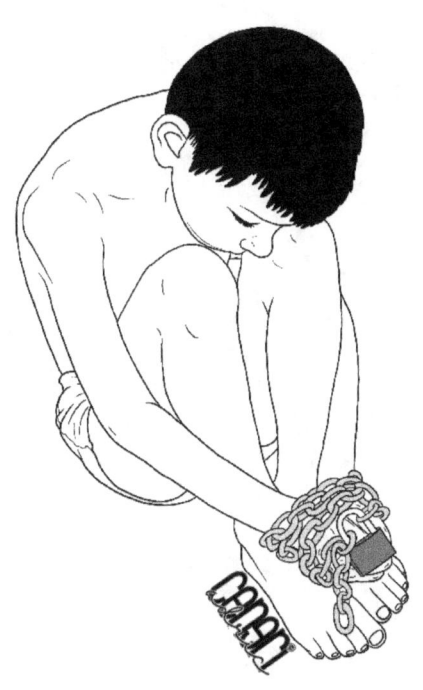

Non voglio più
notti eterne
né incubi di terrore.

Oggi, al tuo fianco,
rendo grazie a Dio.
Al passato consegno
tutto il mio rancore.

Sei tu
che ho scelto
per condividere la mia vita e il mio amore,
qualcuno capace di accettarmi
così come sono.

Le mie tristezze
le controllo solo io.
Spero tu ascolti la mia voce
e comprenda ciò che dico:
per conoscermi davvero
devi capire il mio dolore.

Non cercare di riparare
ciò che non ha soluzione.
Amami
così come sono.

Voglio che tu sappia
quanto sono grato:
il tuo amore mi dà la forza
di avanzare con coraggio.
Ma capisci questo:
senza quel passato,
questo presente non esisterebbe.

Ciò che leggi
è ciò che sono.
E tu sei colui che ho scelto,
colui che ho deciso di chiamare marito
fino alla fine di entrambi.

Hai sciolto il mio gelo,
abbattuto i miei muri
con il tuo amore.
Mi hai reso vulnerabile,
eppure mi hai sostenuto
quando il dolore ha parlato.

La vita ha unito i nostri cammini,
ci ha invitati a creare
un amore infinito.

Non giudicare le mie paure:
sono solo riflessi.
Ho bisogno della tua mano
per portare il vuoto della mia anima
e continuare a vivere
con ciò che sono.

CAPITOLO V

INSEGUENDO LA FELICITÀ

— QUEL PRINCIPE AZZURRO

Sei stato quel principe azzurro
che mi ha catturato
con un solo sguardo!

E mi sono emozionato così tanto
da non dire nulla.
In quell'istante
ho scoperto
che provavo qualcosa per te.

Fin dall'inizio
sei entrato nel mio cuore.
Con le tue carezze leggere,
i tuoi baci intensi colmi d'illusione.
Fin dall'inizio mi sono donato a te
con tutta l'emozione,
e il tempo mi sfuggiva
quando eravamo insieme.

Ricordo quel novembre in cui ti ho incontrato,
quel pomeriggio del novantasei,
quando, ancora bambino, mi sono innamorato di te.
Ho creduto a tutte le tue promesse
senza sapere nulla di te;
ti sei creduto mio…
ed è stato allora.

Quando ho dovuto allontanarmi da te,
quando il mio cuore si è spezzato senza di te.
Mi hanno costretto a lasciarti senza di me,
non è mai stata mia intenzione ferirti così.

Ma vedi, la vita si corrompe
nel tentativo di vivere.
Ero soltanto un bambino
che non poteva scegliere il proprio destino.

L'inverno è tornato
e senza di te
il suo freddo mi uccideva.
Mentre piangevo solo per te,
in quell'istante ho capito
che avrei dovuto
vivere senza di te.

Le circostanze sono sempre state
contro di noi due.
Io ero soltanto un orfano di madre,
e tu mi hai offerto il tuo cuore.

Quell'alba di settembre
del duemila,
ti ho guardato in silenzio
sapendo che stavo andando via da te.

Ho creduto fosse meglio non dire
che stavo partendo.
Mi sono sentito codardo,
ma ho continuato.

Ho continuato ad andare avanti
credendo che un giorno sarei tornato da te.
Non è mai stata mia intenzione
ferirti così.
Ero soltanto un bambino
che non poteva scegliere il proprio destino.

— RIMORSI

Posso ancora ricordare com'è stato…
ero troppo giovane per capire,
ma anche oggi, nel mio presente,
i rimorsi spezzano il mio essere.

I ricordi del nostro ieri
non potrò mai dimenticarli.
Ma il tempo continua ad avanzare,
e anch'io devo farlo.

Un giorno ti rivedrò.
Per ora, ti saluto fino ad allora…
Forse avevi ragione,
o forse è stato il tuo errore.

Oggi non importa più saperlo;
capire ciò che è accaduto non serve a nulla.
Forse oggi potrei confessare
ciò che ho taciuto per tanti anni.

Ma è meglio rimandare…
te ne sei andato senza un addio,
ti ho lasciato solo in un angolo.
Mi hai reso felice finché è durato.

Ho avuto paura di raccontarti la mia terribile situazione,
panico nel confessarti il mio amore e il mio dolore,
e ora è troppo tardi per dirlo.

Quando ho saputo ciò che era accaduto,
sono rimasto immobile, la pelle d'oca.
Come perdonarmi e dimenticare il mio errore?
Avrei voluto non sciogliermi mai dalle tue braccia.

La morte ti ha raggiunto,
e il tuo ieri diventa sempre più lontano.
Il tempo continua la sua marcia,
e anch'io devo andare avanti.

Da te non mi congedo mai.
So che un giorno ti rivedrò…
forse in un'altra vita,
o forse resterò ad aspettare,
con pazienza.

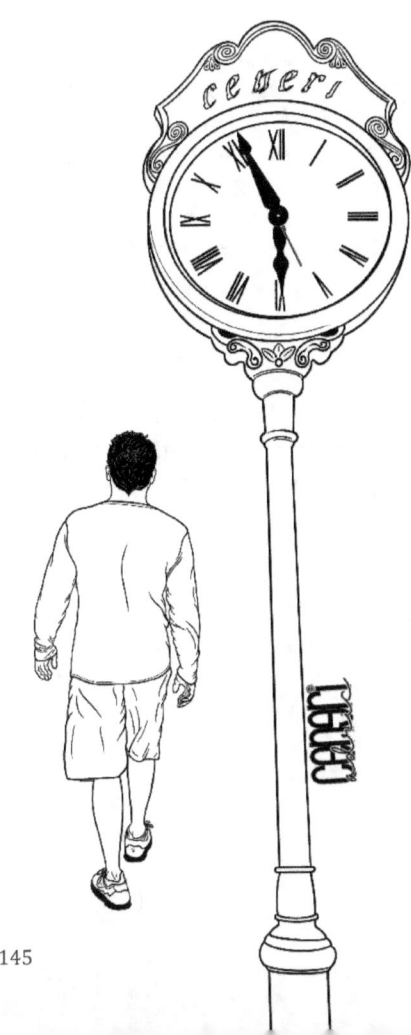

— TI PORTO CON ME

Ogni volta che dormo,
nei miei sogni… ci sei tu.
Il tempo è passato
e io non ti ho ancora dimenticato.

Vorrei credere
che un giorno tornerai,
ma so bene
che questa è la mia condanna.

Della tua partenza
mi è rimasto solo il lamento;
sei stato per me
ciò che c'era di più incredibile,
di più bello.
E oggi che non sei più con me,
sei diventato
il mio ricordo più prezioso.

Non ti ho mai detto la mia ragione;
perdonami per averti nascosto ciò che accadde.
Te ne sei andato credendo che fossi un traditore,
ma mi sono allontanato da te
per il bene di entrambi.

Oggi, quando ti ricordo,
sorrido con sollievo.
Grazie per avermi accolto tra le tue braccia tiepide.
Se sapessi
che fino ad oggi nessuno ha potuto,
nessuno è riuscito a cancellare
ciò che tu ed io abbiamo vissuto.

Senza bisogno di altro, ti porto con me.
Il mio più grande amore
è quello che ho avuto con te.

Se la vita ci concedesse
un'altra possibilità,
se solo potessi dirti
che ti ho amato davvero…

Che rimpiango
le tue carezze leggere sulla mia pelle,
che mi manca il tuo sguardo profondo,
i tuoi occhi di miele.

Ma anche se desidero tanto
rivederti,
oggi sei soltanto
la cosa più bella del mio ieri.
E sempre con me resterai,
intatto,
nei miei ricordi,
come l'unico modo per averti.

Ti confesso che ti sogno,
e a ogni risveglio
arriva il rimprovero
e torno a chiedermi perché.

So di essere forte,
ma non voglio dimenticarti;
e anche se lo volessi, non potrei.
Ciò che tu mi hai dato
nessuno potrà mai darmelo.
Non ho dubbi:
tu mi hai amato davvero.

Oggi capisco perché ci siamo incontrati,
comprendo il senso
dei tuoi baci e dei miei.
E ti porto sempre nel petto;
attraverso il tempo,
ti porto con me.

L'amore è la cosa più inspiegabile del mondo,
ma con te
è stato qualcosa di assoluto,
qualcosa che non ho mai più sentito
così profondo.
E quando realizzo che non ci sei,
io crollo.

Se solo potessi dirti che ti amo...
ti darei persino ciò che non ho
per un po' di te.
Ti darei l'anima intera
se tornassi da me.

Se solo tornassi,
ti mostrerei quanto ti amo.
Sarei felice
anche solo nel sentire i tuoi abbracci,
rivivrei
ciò che abbiamo vissuto nel passato.
Ma per ora, ti porto con me.
Il mio più grande amore,
intatto,
è quello che ho avuto con te.

— MI DISPIACE

L'unica cosa che posso dirti
è che non so chi sei.
Sii certo che, prima o poi, mi arrenderò;
il mio amore per te
è un sacrificio che non voglio più compiere.

Mi spingi, mi manipoli,
e sono sul punto di andarmene.
Sul punto di allontanarmi
da qualcosa che non posso avere,
sul punto di lasciarti andare
insieme alle mie menzogne.
Sul punto di fuggire
come il codardo che sono sempre stato.

Sono sempre stato un egolatra,
e non ho mai saputo cambiarlo.
Ho provato a diventare qualcun altro...
ma, come vedi, ho fallito.

Mi sento prigioniero
della mia stessa creazione.
Colpevole per ciò che non sono,
per ciò che sono diventato,
e per questa coscienza
che si conficca senza pietà nella mia ragione.

L'unica cosa che posso dirti
è che questo non è ciò che voglio.
Voglio qualcosa di diverso
da ciò che abbiamo.
Non posso permettermi
di vedere il mio cuore andare in frantumi.
So di non essere perfetto;
il prezzo del tentare
è troppo alto.

Perdonami per la mia confusione,
per ciò che sono.
Sono fuggito da me stesso
per troppo tempo,
solo per evitare il dolore
e i pesi che porto sulle spalle.

Vorrei che Dio mi dicesse
che andrà tutto bene.
Vorrei che mi tirasse fuori
da questa miseria, ora.
Ho attraversato tanto nella vita...

E non ho mai avuto nessuno.
Odio sapere
che finisco sempre con il cuore spezzato.
Ma ciò che odio di più
sono le cicatrici che restano per sempre.

Vorrei dirti
che non temo il dolore,
ma sarebbe solo un'altra bugia
tra le tante che ti ho detto.
Onestamente, non ti biasimo
se sei stanco;
con i giorni mi avvicino sempre più
al quartiere degli esausti.

Col tempo
il mio giudizio perde equilibrio;
il bene e il male si scontrano.
E mentre crollo,
chiedo scusa per tutto:
per ciò che ho detto
e per ciò che non ho mai saputo dire.

Odio non aver ancora trovato
una ragione per andare avanti.

Ma, come il tempo,
i giorni, gli anni e i decenni...
devo continuare.

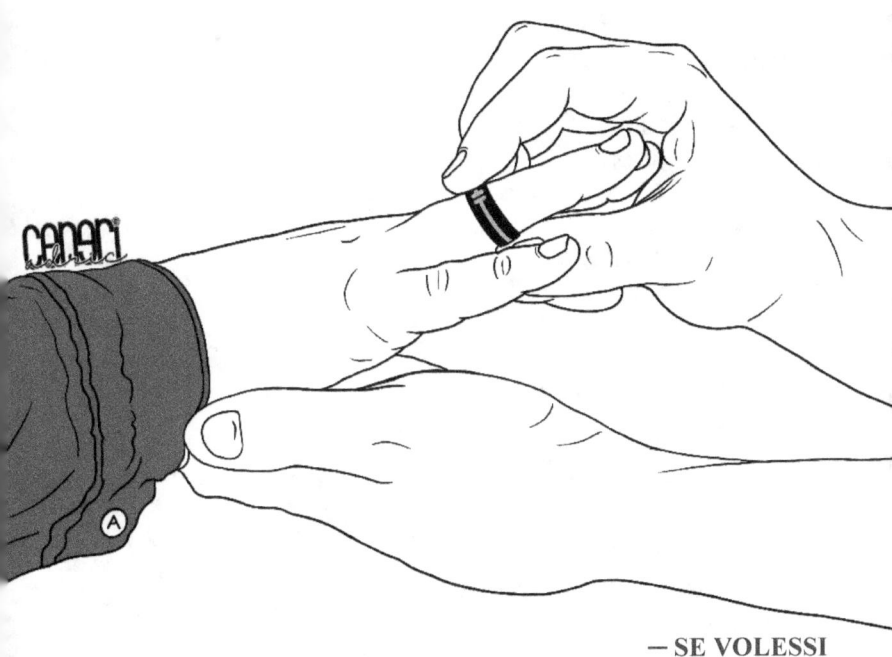

— **SE VOLESSI**

Se volessi,
avresti tutto di me.
Se lo dicessi,
tornerei a essere felice.

Se lo vedessi,
saprei di nuovo sorridere.
Se solo sapessi
quanto muoio per te.

La notte è più fredda
da quando ti ho lasciato andare.
La luna non brilla più,
e mi sento solo,
senza notizie di te.

Ti aspetto,
avvolto in desideri
e promesse vane
che voglio ancora mantenere.

Ti aspetto,
ansioso e paziente,
perché quando tornerai
io possa tornare a vivere.

Sarò il desiderio umido
della tua passione,
l'ardore acceso
della tua finzione.
Sarò rifugio
della tua paura più grande,
e ti consegnerò interamente
il mio essere e il mio amore.

Torna, bellezza,
torna, per Dio.
Mi aggrappo alla tua assenza,
e ti aspetto
finché nascerà il sole.

— UN'ILLUSIONE DEL PRESENTE

Oggi ti incontro
che mi guardi così, con amore.
E pensare che dalla mia vita
ti avevo allontanato…
ma oggi, vedendoti sorridere,
ridoni fiducia al mio cuore
per lasciarti entrare
senza riserve nell'amarci.

I miei pensieri offuscano la mente,
cercando di ricordare
le nostre conversazioni profonde.
Le emozioni mi invadono gli occhi…
e tra le tue braccia
nulla mi fa più paura.

Voglio sentire
come mi accendi l'anima.
Voglio lasciarti amarmi
sotto la luna, con calma,
e viaggiare tra i nostri baci
finché la vita ci sorprenda
all'inizio dell'alba.

Vorrei poter
non dirti mai addio.
Voglio che tu resti con me
per un'eternità,
perché tutti i miei sentimenti
ora sono solo tuoi,
e tu mi restituisci la felicità.

So che la vita
oggi ci riunisce
ancora una volta,
ma desidero, con tutto me stesso,
che tu non ti allontani mai da me.

Sei la mia luce,
la mia ispirazione,
la mia unica stella,
un'illusione del presente
che mi completa.
Sei la mia gioia,
la mia adorazione,
la mia vita intera,
un'illusione del presente,
la mia ricompensa.

Oggi, se vuoi,
parto con te a percorrere il mondo.
Ti giuro che persino ciò che non ho
te lo darò.
Non ho più ragioni
per vivere sulla difensiva,
e non c'è punizione più crudele
che vivere senza il tuo amore.

Se lo desideri,
portami dove il sole riposa,
fino al fondo dell'oceano, senza paura.
Amami e prometto di amarti con devozione,
legami al tuo destino
e non ti lascerò mai—
non ti dirò mai addio.

Il mio amore per te
è profondamente irrevocabile.
Oggi comprendo
che volerti bene è inevitabile.
Solo tu conosci le mie ragioni per amarti,
e neppure se lo volessi potrei
né allontanarti… né trattenerti.

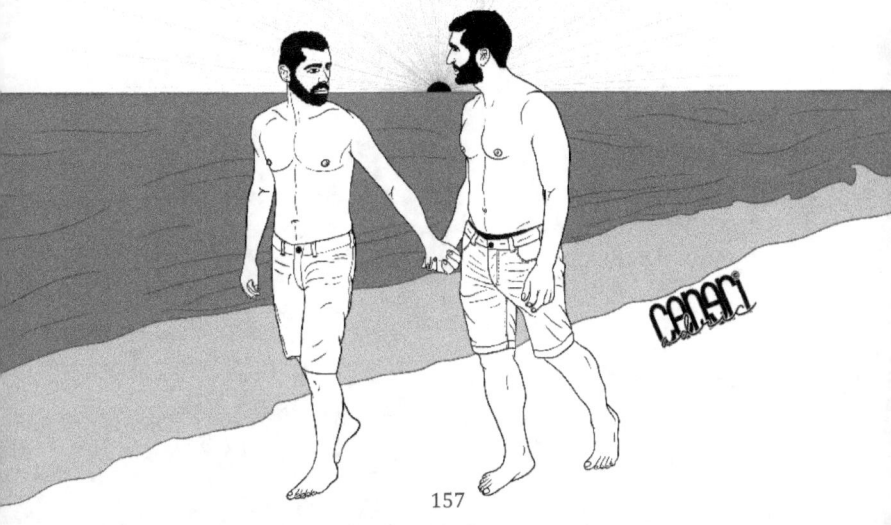

Ti desidero fino a farmi male,
la mia sete è insaziabile.
Ti voglio così tanto
che ti sento indispensabile.
Ma ti amo ancora di più:
non sono capace di ferirti,
e preferisco che sia tu
a scegliere di restare al mio fianco.

Perché per te la mia vita
ritrova ancora una volta il suo senso.
Perché grazie a te
la solitudine se ne va.
Perché per te
il mio cuore torna a battere senza sosta...
perché ti amo così tanto
ogni volta che mi risveglio nell'amore.

— IL MIO SAN VALENTINO PER TE

Questo è ciò che sente il mio cuore;
l'hai deluso senza una ragione.
La mia unica verità è questa:
questo è il mio San Valentino per te.

Sono stanco di te,
stanco di aspettare
che accada un miracolo.
Sciocco io,
a credere di poter cambiare le tue idee.

Sono colpevole anch'io, lo ammetto;
so bene che non ti ho mai chiesto nulla.
E senza chiedere niente in cambio,
mi sono innamorato di te.

So che mi odi per averti detto la verità,
perché non è stato di te che mi sono innamorato;
lui non era reale.
E il mio amore è stato ucciso
dal tempo... dalla realtà.

È difficile, e mi spaventa ammetterlo,
perché non so se sento ancora qualcosa per te.
Questo è il peccato delle mie emozioni,
e tu sei la ragione
per cui mi sento così.

So bene che col tempo
troverò ciò che cerco,
ma nel frattempo
voglio restare lontano da te.

So anche che ti pentirai
di essere stato così cieco,
ma allora
sarò a chilometri da te.
Il tempo ti mostrerà
quanto sarai solo.
Già da ora posso immaginare
quanto piangerai.

Tu hai scelto questo destino,
e io ho saputo comprenderlo,
ma ora metto la parola fine
alla nostra storia infedele.

— E COSA TI ASPETTAVI

Lo vedi,
non sono più quel bambino di ieri.
Il tempo mi ha trasformato, lo so,
e non tornerò mai
a essere quello di prima.

Ho creduto
nell'amore che un giorno ho sentito.
Ma guardandomi allo specchio ho capito
che l'illusione mi ha lasciato spezzato
nel momento in cui se n'è andata.

Allora,
dimmi la tua versione.
Raccontami cosa è successo,
senza giri di parole, dimmi la verità.

E cosa ti aspettavi?
Se mi si sono stancati gli occhi
di cercarti.
Mi si è congelata l'anima
in un'attesa eterna
che non ha mai avuto fine.

E cosa ti aspettavi?
Se hai portato via con te
tutto ciò che ti ho dato.
E nonostante
le mie notti in lacrime,
ho sempre creduto
che saresti tornato per me.

Sono stato uno sciocco
a fidarmi dell'amore.
Sei stato tu
a strappare la mia illusione.
E sono rimasto
solo, con un vuoto nel cuore.

Ascoltami:
tutto nella vita ha una fine.
E anche se fa male,
non mentirò.
Ti ho voluto tanto bene,
ma ora fai parte del mio passato.

Dimmi, per favore,
voglio ascoltare
la tua assurda versione.
Ma non mentire:
la verità la conosco già.

E cosa ti aspettavi?
Se mi hai lasciato al mio destino
e mi sono perso.
Il freddo della tua assenza
mi ha riempito di dolore e, per anni,
sono rimasto lì,
inermi, fedele.

E cosa ti aspettavi?
Se ho vissuto un inferno senza di te.
Come pretendi
che corra ad abbracciarti,
se l'unica cosa che resta
è rancore contro di te?

Solo io so cosa ho imparato cadendo:
ho imparato ad amarmi più che ad amare.
Mi hai lasciato vuoto e senza scelta.
Non mi pento della mia decisione.

Cosa ti aspettavi?
Se la mia anima è caduta a terra intera.
Cosa ti aspettavi?
Se ho dovuto raccoglierla senza assoluzione.
Non sorprenderti...
se ora sono io
a spezzarti in due.

— IN UN ANGOLO DEI MIEI RICORDI

Oggi vivi soltanto nei miei ricordi,
nei miei pensieri.
E anche se non ti ho più,
di te conservo ancora ogni sentimento
che il mio cuore insiste a provare.

Perché la logica, a volte, è codarda,
e quando te ne sei andato
mi hai lasciato spezzato.

Oggi che ho raggiunto i miei obiettivi
dovrei sentirmi felice,
ma ora che non ci sei
mi è difficile persino esistere.

Non sai
quanto pesa questa tristezza,
adesso che non sei con me.

Non ho mai voluto infrangere le mie promesse,
e oggi è già tardi...
te ne sei andato.

Vorrei sedermi su quella panchina
e pensare che la vita
tornerà a riunirci.
E nelle notti,
guardando le stelle,
capire
che mi aspetti ancora,
in attesa del tuo bambino.

Vorrei rubare al tempo le sue chiavi
e tornare a ciò che abbiamo vissuto.
Vorrei avere il coraggio degli uccelli
e spiccare il volo
fin dove il destino mi porterà.

Oggi so che sei stata l'unica persona
che mi ha amato senza condizioni.
E io, colmo di paure,
ho lasciato scappare i miei sogni.
Eri il mio unico desiderio,
e ti ho perso.

Vorrei correre per la strada,
aiutarti con i bagagli,
credere che tu ritorni intero,
che tu scelga di restare,
che tu voglia solo vedermi felice.

Ma il mio desiderio è impossibile,
e il mio cuore resta spezzato.
So di non meritare perdono,
e forse per sempre
continuerò ad aspettare sollievo.

— MI STRAPPERÒ IL CUORE

Tra gli abissi della mia mente
disperderò tutto il dolore.
Il mio orgoglio, col passare del tempo, mi confonde,
proprio come il mio fragile cuore.

Ho sempre imparato a dire addio
senza amore.
Sono rimasto vuoto, così insensibile,
che oggi voglio solo fuggire.

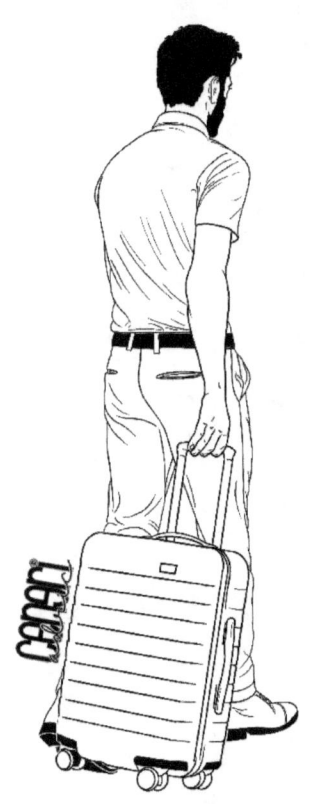

Non sei tu il motivo
né la ragione del mio dolore.
Non ti vedo nel mio futuro,
ed è per questo che me ne vado.

Non ho la forza di donarmi
a un altro amore fugace,
perché la vita, con me,
ha abusato fin troppo.

E se pensi che per i tuoi baci
io piangerò,
mi fai sorridere...
davvero, fai pena.
Non aspettarmi a cena,
non ne valgo la pena.

Così addio,
io me ne vado già.
Porto mille ferite
che, tra le valigie,
continuano a colpire il mio cuore.
Sono un copione,
estraneo a me stesso
e anche all'amore.

Avrò sempre
il cuore spezzato e vuoto;
è meglio andarmene
per il bene di entrambi.

Non preoccuparti per me,
davvero.
I miei occhi si sono asciugati
di tanto piangere.
Ma non piangere pensando
di aver fatto qualcosa di sbagliato;
in realtà
è il passato
che non riesco a lasciare andare.

Avrei dovuto dirtelo
fin dall'inizio, senza giri di parole,
perché tu potessi vedere.

Ma questa volta
mi strapperò il cuore.
Non voglio più credere
nell'illusione dell'amore.
Non porto nulla
oltre la frontiera dell'aldilà;
solo ricordi con me
da bruciare.
Perché lasciarli vivi
farebbe ancora più male.

Per questo scegli
un'altra strada.
Io non sono la felicità.
Sono solo un'anima in più,
senza trovare un vero finale.

Ormai non mi importa più di nulla.
Voglio solo chiudere gli occhi
e riposare
quando il mio cuore
smetterà di battere.

— IL PASSATO E IL PRESENTE

Ho cercato l'amore in ogni luogo, senza fortuna.
Ho avuto piacere e sesso con chi potevo, mille volte.
Sono stato l'amore di tutti, senza saper trattenermi,
ho scelto il rancore, rinunciando all'amore per
proteggermi.

Spezzato dentro,
ho cercato rifugio ovunque.
Ho cercato l'amore
che i miei genitori mi hanno negato.
Non ho scuse
per aver dato fiducia a dei pervertiti,
ma avevo bisogno d'amore,
e la mia innocenza fu la condanna.

Col tempo ho imparato
che nulla è perfetto.
Ho perso tutto
e, nonostante ciò, ho continuato a sperare in qualcosa
di meglio,
lottando per una vita
che sembrava solo appassirmi.
Fu allora
che il mio odio puro cominciò ad avvelenarmi.

La solitudine fu l'inizio della mia preghiera;
oggi so che qualcosa di vero
sta cambiando nel mio cuore.
Sono cambiato per proteggermi
dalla crudeltà del mondo e dalla sua violenza,
per salvare ciò che restava
della mia essenza.

Mi sono fermato
e ho smesso di cercare risposte.
Ho vissuto solo,
lontano dall'amore e dall'odio,
cercando appena la pace
per la mia esistenza.
Lui mi ha trovato stanco e consumato,
creando rifugio a modo mio.

Adric Ceneri
Just now · 🌍

In a Relationship
2014

Riparando le ferite
che mi hanno reso così,
mi ha trovato quando stavo quasi rinunciando
al mio finale felice.

Devo dire che mi ha insegnato
che c'è sempre una ragione per vivere.
Mi sono innamorato della sua compassione
e davanti a lui mi sono arreso.
Non sono né sarò perfetto;
prometto solo amore vero,
anche se imperfetto.
Forse non sono il candidato ideale,
ma sono chi può offrirgli
un presente reale.

Forse non ho molto da offrire,
ma ho intenzioni
che vale la pena scoprire.
Ho ciò che basta
per farlo sorridere.
So solo amarlo come già lo amo
e camminare con lui
quel miglio in più, senza fuggire.

Ho solo questa poesia semplice
e mille elogi,
un calice di vino pronto
per celebrare lentamente.
E questo invito
a restare tra le mie braccia.
Voglio costruire con lui
un focolare, non solo una casa.
Un luogo dove seminare il futuro insieme,
dove l'amore cresca
e venga curato ogni giorno.
La nostra storia,
vissuta come sceglieremo.

CAPITOLO VI
RISVEGLIO

— CHI SONO

Voglio mostrarti
chi sono davvero.
Ti avverto:
potrebbe metterti a disagio
ciò che oggi troverai qui.
E se te lo dicessi adesso,
che cosa accadrebbe?
Lo so —
la verità spaventa
e forse te ne andrai.

O forse imparerai
ad amarmi di più,
anche se fa male,
anche se amare fa sanguinare.
E se fuggissi dalla tua vita mille volte?
Nonostante la distanza,
torneresti a cercarmi?

Per restare con me
nonostante ciò che sono.
Per ricordarmi
quanto fragile possa essere l'amore.
Per mostrarmi
che l'oscurità del mio cuore
oggi è diventata
parte di chi sono.

Tutti custodiamo scheletri
nell'armadio.
E nonostante tutto ciò che ho fatto,
sono ancora incatenato
a ricordi
che continuano a ferirmi.
La bellezza appassisce
con gli anni,
e sono stanco
di cercare la perfezione —
so che non esiste,
e non sono certo io a pretenderla,
se nemmeno io lo sono.
Chi sto ingannando?

Voglio che tu sappia
che per molto tempo ti ho aspettato.
Che tu comprenda il peso
e il costo dei miei peccati.

Tutti abbiamo scheletri
nell'armadio.
Dimmi se puoi amarmi
senza interrogarmi.
Potresti amarmi comunque?
La perfezione è solo una favola inventata:
non esiste luce
senza ombre nell'anima.
Giurami che resterai al mio fianco,
che il mio passato non ti importa,
che mi amerai senza giudicare
ciò che ho taciuto.

Oggi comprendo
di essere forte.
Che non temo più
la morte.

Oggi so
di essere maturato.
Sono consapevole:
il mio lato oscuro
cammina con me
per sempre.

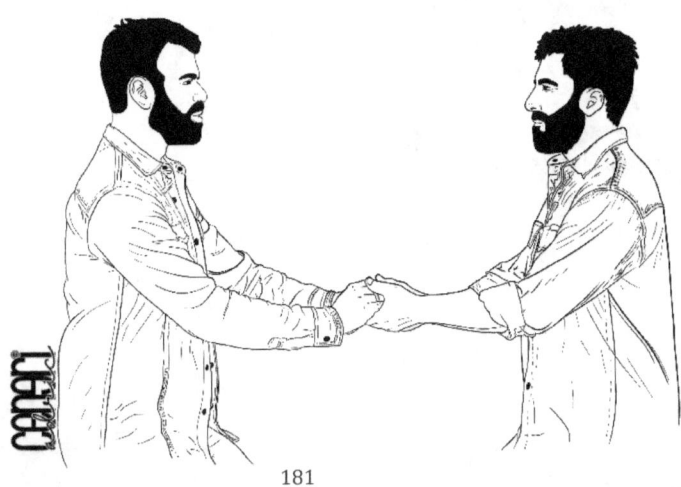

— VOGLIO SENTIRE, VOGLIO VIVERE

Al risveglio,
i miei sogni si dissolvono.
Il mio cuore —
con tanto dolore,
quasi non sente più.

Ma risorgerò,
lotterò per essere felice,
riscriverò un futuro
solo per me.

Brucerò la rabbia
con amori fugaci,
scioglierò il ghiaccio
per osare
adorarti,
amarti.

Resusciterò l'amore
dal fondo del cuore,
scriverò nella mia anima
una storia più grande.
Voglio parlarti,
dialogare con te...
voglio scrivere,
voglio vivere.

Risorgerò
dagli abissi dell'inferno
e ricreerò
un cuore sincero e tenero.

Mi ricostruirò,
supererò ciò che ho perso,
lotterò,
sceglierò di essere felice.

Voglio sentire in me
il desiderio di amare,
voglio dirti ora
di cosa sono capace —
nel baciarti,
nel denudarti.

Voglio affogare la furia
sotto il peso della ragione,
implorare le tue labbra
fino a consumarci.
Voglio legarti a me,
essere il tuo amante…
voglio sentire, voglio vivere.

— CERCHERÒ DI AMARTI FINO ALLA FINE

Precisa fu quella alba
in cui ti lasciai entrare.
Mi stringesti così forte
che non seppi fuggire.
Intrappolato nei tuoi baci
mi sento completo,
dimentico le mie paure,
il tempo si ferma,
mi sento felice.

E sì...
mi sono innamorato di nuovo.
Mi sono innamorato della tua sincerità.
Dalle mie storie ferite
hai guarito le cicatrici,
e da te oggi
non mi allontanerò mai.
Perché tu
dai senso alla mia vita.
Cercherò di amarti fino alla fine.

Sei destino nel mio cammino
e non voglio lasciarti andare.
Chi lo avrebbe immaginato:
il mio cuore è tornato a fiorire.
Incantato dai tuoi baci
mi sento pieno,
non mi manca nulla nella vita
se i tuoi abbracci mi sostengono.

Cercherò di amarti fino alla fine...
mi sono innamorato della tua sincerità.

Amo la tua compagnia,
mi fai innamorare ogni giorno.
Non dubitare mai del mio amore,
non dubitare mai.
Perché sì...
mi sono innamorato di nuovo.
Mi sono innamorato
della tua sensibilità.

Oggi, in questo istante,
sei la mia gioia più grande.
E desidero che restiamo insieme
fino alla fine...
sì, insieme...
fino alla fine.

— TORNARE ALLA LUCE

Il passato non si dimentica.
Vorrei strapparlo dalla mia mente.
Come si cancella
l'essere stato in cielo
e cadere dritto all'inferno?

La speranza mi si è persa troppo presto.
Ho perso contro l'ignoranza.
Quella notte mi hanno strappato l'innocenza —
hanno abusato del mio corpo
ancora e ancora.

Ho voluto arrendermi, lasciarmi morire.
Ma non ci sono riuscito.
Il rifiuto ha spezzato il mio spirito,
ha distrutto la mia anima.
Il mio primo amore
ha custodito il mio cuore,
e per un istante
ho dimenticato il dolore.
A nessuno importava della mia sofferenza.

L'ho vissuto finché è durato.
Pelle tiepida.
Notti di peccato.
Il paradiso è durato minuti.
Non volevo svegliarmi.
Volevo che durasse per sempre.
Volevo restare.
Ma il mattino è arrivato
e la realtà si è imposta.

Poi è rimasto solo l'odio.
Non ho saputo cosa farne.
Ho perso il mio primo amore
e nulla mi ha più consolato.

Mi sono consegnato all'oscurità.
Ho permesso al mio cuore di annerirsi,
ho allontanato tutti.
La solitudine è diventata rifugio.

Mi ci sono voluti cinque anni per capirlo,
ma sono riuscito a tornare alla luce.
Ho raccolto i frammenti della mia anima,
ho creduto — ingenuamente — nella speranza,
ho lasciato entrare l'amore...
solo per scoprire
di essere tradito.

Il tempo mi ha ricordato chi ero.
Ho corso senza fermarmi.
La fiducia spezzata ha ucciso le mie emozioni.
Ho scelto di reprimere il cuore,
ho abbracciato le mie paure,
ho sepolto l'orgoglio,
mi sono perso alla cieca,
e il mio corpo si è ammalato.

Questa volta ero davvero spezzato.
Ho lasciato entrare la solitudine.
Non mento:
mi sono abituato al dolore,
ho dimenticato come si ama.
Ferito, mi sono nascosto,
ho chiuso il mondo fuori,
ho scelto la via più facile
per sopravvivere.

Ma questa volta ho deciso di lottare.
Contro Dio, contro l'inferno.
Non avrei permesso che mi rubassero l'anima.
Con le mie stesse mani
ho riscritto la mia storia.
Mi sono rialzato dall'oscurità
come una fenice nera.

Ho vissuto amareggiato,
ho nutrito le mie paure,
ho sentito la notte.
La vita non mi offriva nulla —
finché quella notte accadde qualcosa.
L'ho incontrato senza paura,
senza aspettative,
e gli ho mostrato
tutta la mia oscurità.

Gli ho mostrato
quanto fosse buio il mio cuore.
E in qualche modo
ci siamo fusi.
Lui raccoglie i miei pezzi,
giorno dopo giorno.
Comincia a capirmi.
E il mio cuore
impara un'altra voce.

La mia anima,
finalmente, batte in sentimenti d'amore.

— IL MIO UNICO AMORE REALE

Non andare via ora, ti prego,
resta con me per tutta una vita.
Non mi ero mai sentito così,
e sento che finalmente l'attesa finisce,
perché il mio cuore
oggi vuole donarsi solo a te.

Ero perduto nei miei ricordi,
e tu mi hai riportato alla realtà.
Non mi sono mai sentito così vivo
come quando mi guardi senza esitazioni.

In verità,
ho sempre camminato da solo…
e oggi la solitudine non esiste più.
Mi hai insegnato che amare non è fuggire,
ma restare.

Non c'è da piangere,
meglio amare.
La vita porterà tempeste,
ma non ci spezzeranno.
Lotto per la nostra felicità,
perché tu sarai sempre
il mio unico amore reale.

Lasciami dimostrarti
chi sono davvero.
Fammi credere
che amare non è stato vano.
Dimmi che resterai al mio fianco,
anche quando la vita stringerà più forte,
perché il mondo è duro
e tu sei il mio vero rifugio.

Al tuo amore sono legato,
portami dunque ovunque.
Questa volta seguo il mio destino senza paura,
perché so che resterai con me.
E lo sai...
in fondo lo sai che è vero.

CAPITOLO VII

CUORE PALPITANTE

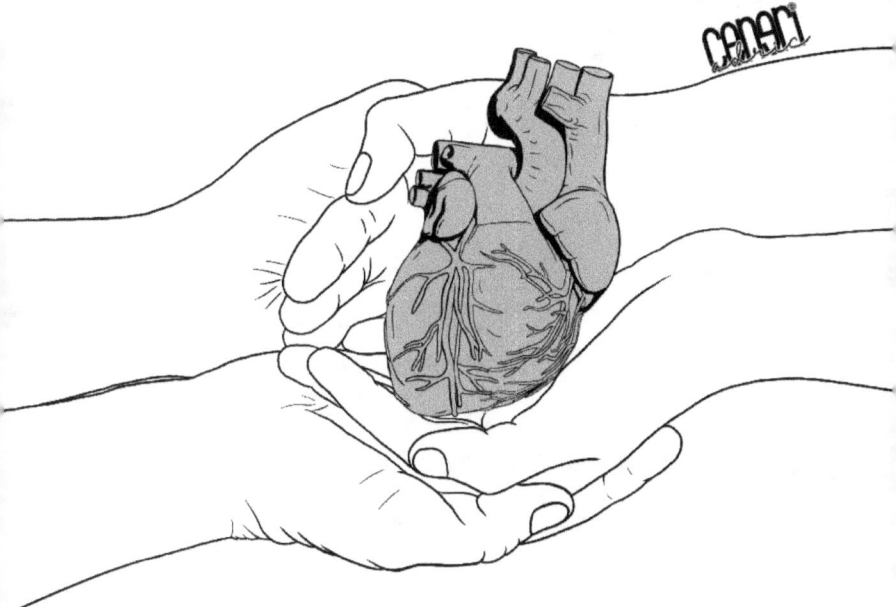

— SENZA ALCUN DUBBIO

Senza alcun dubbio mi sono innamorato.
Non so come,
ma sono rinato.
Forse è stata la cena,
o la passeggiata in città…
ma senza alcun dubbio
il mio cuore non smette di battere.

La nostra prima notte
su quel boulevard.
Il tuo sguardo e il mio sorriso
incrociati in quel bar.
Mi hai salvato
da una solitudine infinita
e hai ritrovato
ciò che avevo sepolto anni fa.

So che è presto
per pensare al dopo,
ma l'unica cosa che voglio
è essere dove sei tu.
Sei stato il regalo più bello
dei miei ventisei anni,
la prima rosa rossa
che mi lega
ai tuoi piedi.

Senza alcun dubbio ti amo,
lo so.
Non dire nulla,
amami soltanto
e lasciati amare.
È stato il fine settimana,
il film e il tuo sguardo...
senza alcun dubbio
sono stati i tuoi baci
il mio risveglio.

I tuoi abbracci e i miei
che girano in un valzer,
intrecciati nel letto,
a girare senza fermarsi.

Senza cercarti ti ho trovato
e non ti lascerò andare.
Vado con te
all'infinito
e un po' più in là.

Non temo nulla
se sei accanto a me.
Non importa se è presto,
voglio solo te.
Il mio sorriso si allarga
ogni volta che penso a te.
Non c'è nulla in questo mondo:
il mio mondo
sei tu per me.

Oggi, a ventisei anni,
te lo dico senza mentire:
tu mi rendi felice.
Non perché tu voglia sentirlo,
ma perché l'ho sentito.
Voglio scrivere mille poesie
e leggertele per vederti sorridere.
Voglio amarti senza misura,
perché con te
voglio vivere.

— AMAMI

Amami forte,
amami piano.
Dimmi che sono il tuo amore
quando mi sveglio in silenzio.

Mi manchi nel sonno,
la tua assenza pesa nel mio vivere.
Sii il mio amore,
sii il mio tutto,
non lasciarmi ora,
senza di te tutto qui è scomodo.

Permettimi di toccarti,
di tenerti vicino.
Uniamo le anime
e amiamoci senza riserve.
Lascia che ti ringrazi,
perché grazie a te sono chi sono.

Il mio sguardo ti cerca
con fede e devozione.
So che non sto sognando,
so che sei accanto a me.
Sei reale,
e mi ami
come io amo te.

Non te l'avevo mai detto…
io non avevo mai vissuto.

Non ho mai saputo cosa fosse la vita
finché non ti ho incontrato.
Hai fatto di me ciò che sono oggi.
Grazie per avermi restituito il respiro,
la calma
e il cuore.

Resta con me,
sii il mio cavaliere coraggioso.
Amore, ti adoro,
non andare via.
Non spegnere questo fuoco:
amami
come io amo te.

Sii il mio amore,
il mio grande tesoro.

— TI AMO

Ti amo,
ti amo, amore mio.
Ti amo mentre dormi, aggrappato al nulla,
ti amo in silenzio
come nessuno ti ama.

Ti amo anche con tutto il tuo dolore.
Ti amo dolce e lieve,
riposando sul tuo cuscino.

Ti amo quando le tue carezze
mi raggiungono l'anima.
Ti amo senza pregiudizi né condizioni,
ti amo per ciò che sei —
così sei perfetto per il mio cuore.

Sei padrone di tutto ciò che sono.
Non c'è nulla in te
che io cambierei.
Amo ogni frammento della tua ragione.
Ti voglio così tanto
che senza di te non esisterei,
tanto che senza di te
il mio petto non avrebbe cuore.

Ti amo, lo giuro su Dio.
Ti amo quando la solitudine
ti guarda in silenzio.

Ti amo quando sei solo mio
nella quiete più profonda.
Ti amo ogni volta che ti ho con me,
insieme all'alba.
Amarti come ti amo io…
per questo non esistono parole.

Non c'è nulla in te che io giudicherei.
Comprendo ogni segno
della tua storia senza perdono.
Ti voglio così tanto
che sei la mia gioia,
quell'emozione eterna
con un posto fisso nel mio cuore.

— SONO INNAMORATO

Sono innamorato
ogni volta che ascolto la tua voce.
Sono innamorato
quando guardi dritto
al centro del mio cuore.

So, senza alcun dubbio,
di essere innamorato.
Per te porto ancora i miei peccati,
per te imparo ad accettare
quando ho sbagliato.
Con te comprendo i miei errori
e imparo a non ripetere
gli stessi fallimenti.

Sono innamorato
perché ti fidi di me.
Sono innamorato
perché so
che mi ami più di quanto io ami te.

Mi completi
in ogni modo possibile.
Con il tuo amore mi fai sentire migliore.
Potrei giurare che hai sanato
le crepe del mio cuore.
Sono ferito, è vero,
ma quando sei con me
il dolore se ne va senza motivo.

Sono innamorato,
e ho bisogno di conoscere la tua decisione.
Sapere che non mi lascerai, amore,
che oggi resti con me
e che insieme
invecchieremo, tu ed io.

Sono innamorato
quando le tue braccia mi scaldano.
E quando ti allontani da me,
mi manchi —
perché tu sei il mio tutto.

Sono innamorato
anche quando mi sento perduto.
Mi offri sempre la tua mano
e riesci a tirarmi fuori dall'abisso.

Sei la cosa più bella
che mi sia mai capitata.
Forse la più complessa,
ma con te tutto ha senso.
Te lo giuro: come te
non esiste nessuno in questo mondo.
Per questo ti amo
e non intendo allontanarmi mai
dal tuo cammino.

Sono innamorato,
e questa è la mia decisione.
Voglio consegnarti il mio cuore
se resti con me oggi —
qui, per sempre,
solo tu ed io.

— SEI IL MIO DELITTO

Quando finalmente leggerai
tutta la mia narrazione,
ascolta solo il mio amore.
Per me sei tutto.
Tu mi rendi felice.
Ti amo, amore mio:
sei il colore della mia vita,
il sorriso sul mio volto.

Oggi sento che mi ami così,
abbondante e profondo fino alla fine.
Tutti i ricordi così belli
che mi hai donato li custodirò.
Oggi sono al tuo fianco, amore mio,
e ti giuro
che non esiste posto migliore.
Te lo dico guardandoti negli occhi,
senza menzogne.

Questo è il mio delitto.
Te lo leggo aspettando mille baci,
perché tu mi fai sentire completo.
Hai colmato il mio cuore.
Questo è il mio delitto:
tu sei ciò che amo di più,
e voglio sigillare il patto più grande —
amare solo te, amore mio.

Ti giuro che non c'è nessuno migliore.
Solo tu ed io.
Insieme possiamo andare avanti.
Ascoltami mentre te lo dico:
questo è il mio delitto.
Te lo leggo con il desiderio di rubarti un bacio,
sperando che tu mi leghi prigioniero
e che non liberi mai il mio cuore.

Tu sei il mio delitto,
anche se la religione lo chiama peccato
e la società non comprende
che amarci è la felicità
che invade il mio cuore.

Tu sei il mio delitto,
e non mi importa di nessun altro.
Voglio solo stare con te.
Non allontanarci mai
dalla nostra promessa d'amore.
Sono tuo quanto tu sei mio,
per sempre, amore mio.

— INNAMORATO

Così, senza preavviso,
come mai prima d'ora.
Hai trasformato il mio cuore
e ti sei guadagnato il mio amore.
Non so come tu ci sia riuscito,
ma lo so senza dubitare:
sei tu
che ho aspettato di vedere arrivare.

Lo sento —
mi sto innamorando.
Cammino su terra ferma
con sensazioni magiche.
Innamorato di chi bacia la mia anima,
di chi mi ha liberato
da una giornata interminabile.

Da oggi, nel mio cuore,
sei destinato a essere il mio re.
E anche quando sarai lontano,
penserò a te tutto il giorno.
Mi regali pagine bianche
per scrivere amore,
mi offri la promessa
di un mondo migliore.
Il tuo amore è l'inchiostro di questi versi, amore mio,
e renderò immortale
questa storia di noi due.

So che è presto,
ma riesco già a vederlo.
Sei tu che voglio vicino,
tu che desidero proteggere.
Cavaliere dei miei traguardi e dei miei sogni,
sei l'ispirazione
della mia poesia più sincera.

Amo che tu mi abbia trovato.
E tienilo a mente, amore mio:
sono sempre pronto
a consegnarti il cuore.
Portami sempre con te
nel nostro nido d'amore.

— **DICEMBRE**

Se un giorno dimenticassi il tuo nome,
ricorda che è di te che mi sono innamorato.
Sarai sempre quell'uomo
a cui ho consegnato l'anima e la vita.
E se ti scrivo questa poesia
è perché tu possa rileggerla,
nel caso un giorno dubitassi
di quanto, e di come, ti ho amato.

Ma oggi, finché posso ancora parlarti,
finché posso ancora amarti così,
fidati di me e prendi la mia mano.
Ho due biglietti per partire:
Bogotá,
Quito,
Roma,
Londra
e Il Cairo.

Con te voglio attraversare il mondo intero
e imparare mille modi di essere.
Lasciare che la speranza fiorisca
e vedere insieme, mille volte, l'alba.

Che importa se è Vienna
o se la meta è Québec?
I problemi non contano
se tu sei accanto a me.

Solo con te voglio danzare la vita.
Svegliarmi al tuo fianco, sempre uguale.
Il mio amore per te cresce con gli anni,
senza fretta, senza fine.

La tua neve raffredda il rumore dei miei pensieri.
Le domeniche sono perfette al risveglio,
perché mi sveglio sempre accanto a te.
Voglio regalarti il tempo congelato
nel nostro eterno dicembre.
Con te i miei timori si dissolvono,
e finalmente ritorno al presente.

Corriamo sotto la pioggia,
baciamoci sotto il cielo bagnato.
Non servono ombrelli
se il tuo braccio sostiene il mio.

Se ti consegno la mia vita intera,
non disprezzare né il rame né l'oro.
Nulla mi farà varcare quella porta,
ti preferisco
imperfetto e nobile.

Mi sono innamorato dei tuoi difetti,
dei tuoi gesti sinceri.
Spero che tu mi ami come io amo te:
con lealtà,
senza paure.

— RICORDARE

La cena in quel bar
fu l'inizio di noi due.
Mi sono perso nel tuo sguardo
che senza preavviso ha conquistato il mio cuore.

E oggi,
anni dopo,
siamo ancora qui ad amarci di più.
I nostri progetti, poco a poco,
diventano realtà.

Il tempo passa,
passa...
collezionando ricordi da custodire.
Il nostro amore cresce,
cresce...
nei gesti
che sappiamo regalarci.

Ogni amore può stancarsi,
ma abbiamo trovato la ragione:
seminare speranza,
fiducia
e comprensione.

È bello ricordare
quella passeggiata sul boulevard,
ma è ancora più bello costruire
un futuro che voglia restare ad abitare.

Un bacio ad ogni alba,
e un altro prima di dormire.
Il mio cuore sorride nell'averti
dal giorno in cui ti ho incontrato.

Il tempo passa,
passa...
e ci regala un'altra opportunità.
Il nostro amore cresce,
cresce...
nei dettagli
e negli abbracci che mi doni.

È un lavoro senza fine,
ma il premio è la soddisfazione:
la compagnia,
il sostegno
e l'essere in due.

Ci siamo allontanati?
Forse, io e te.
Non siamo perfetti —
ricorda cosa ci dicevano:
"Solo i coraggiosi
puntano tutto sull'amore."

Abbiamo deciso di non arrenderci,
di lottare per essere migliori ogni giorno:
quando parliamo,
quando ascoltiamo,
quando ci comprendiamo senza ferirci.

Perché l'amore cresce,
cresce...
quando le nostre labbra si cercano.

Perché la paura muore,
muore...
quando non ci sono dubbi né rancore.

Perché il tempo muore,
muore...
ma ci lascia una storia nel cuore.

Perché l'anima invecchia,
e nella sua saggezza
impara finalmente la ragione.

È sempre bello ricordare
i momenti che passano.
Ancora di più quando sono tanti
e mi fanno sorridere nel ritorno.

Sono quegli istanti felici
che voglio continuare a creare.
E nel futuro,
al tuo fianco,
ricordarli sorridendo —
sapendo che siamo ancora qui,
ad amarci.

215

— SENZA DUBBI, AMORE

Momenti di oggi
che domani saranno ricordi di ieri.
Lo so.

A te mi sono donato.
Ho creduto in noi
e non mi sono sbagliato.
Era destino —
lo vedi.

Ho puntato tutto sull'amore,
e vedo che anche tu.
Insieme,
a lottare fino alla fine.

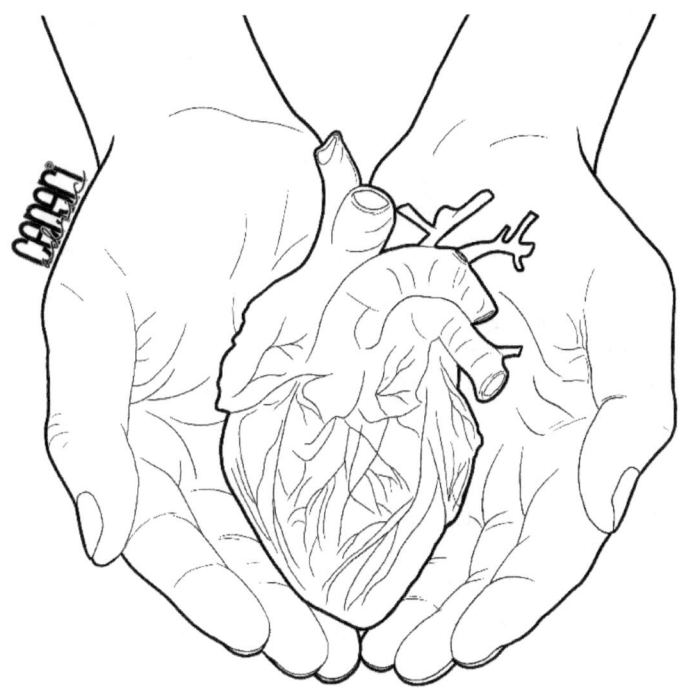

Ti amo e non devo spiegare:
tu mi ami davvero.
Amando così, tutto è possibile.

Ho scommesso l'anima e ti ho dato il cuore.
Baci caldi che mi colmano d'amore.
Ti ho dato la mia vita e tu le hai dato senso.
Non sono parole:
tu sei la mia ispirazione.

Ti ho amato e tutto è cambiato.
E, nonostante tutto,
ti amo senza dubbi, amore.

Sono come sono,
non serve dire altro.
Leggi soltanto —
è così.

Giorno dell'amore e dell'amicizia,
tu ed io
ad amarci di più.
Camminando il mondo
senza guardarci indietro.

Ti amo
e oggi voglio dirlo,
perché tu mi rendi felice
senza esitazioni.
So che queste righe
saprai custodirle,
amore.

Ho puntato tutto
e ho messo da parte la ragione.
I miei sentimenti
sono tuoi, amore.
Ho lasciato tutto
per i tuoi baci, per la tua passione.
Queste parole
sgorgano dal cuore.

Ti amo con devozione,
ti adoro senza condizioni.
Senza dubbi,
amore.

— MI AMI

Mi ami
quando le tue mani percorrono
lentamente la mia schiena.
Quando i tuoi baci addolciscono
completamente la mia anima.
Quando ti guardo negli occhi
e mi comprendi
senza dire una parola.
Me lo confermi.

Il tempo continua a passare,
e con lui cresce ciò che sento per te.
Sono capace di darti la mia vita
senza rimpianti.
Te lo dico qui, ora,
perché posso:
ti amo.

219

Grazie per non permettere
che i nostri dubbi vincessero.
Perché sai vedere nei miei occhi
tutto ciò che le mie labbra tacciono.
Te lo dico piano, mentre ti bacio,
sussurrando che il nostro amore
è più che sufficiente.
Da quel primo appuntamento notturno
ho saputo che mi avresti amato
come nessuno mai.

Ti amo,
ma non in un passato che fugge.
Non ti amo
in un presente che si dissolve.
E nemmeno in un futuro
fatto solo di promesse.

Ti amo adesso.
Con un amore infinito,
senza limiti né orologi.
Un amore senza distanze,
senza ego né condizioni.
Un amore di piena comprensione,
di promesse già mantenute
perché vissute.
Senza aspettative,
da quella notte in cui sei arrivato
e i nostri desideri hanno coinciso.

Grazie
per tutto ciò che fai ogni giorno,
di notte e al mattino.
Perché solo tu conosci
ciò che a volte la mia anima non sa nominare.
Perché so che lo comprendi
quando ti bacio
e ti guardo negli occhi
dicendoti "ti amo"
come ormai nessuno ama più.
Con un amore profondo come l'oceano
e infinito come le galassie.
Prometto di amarti
oltre la vita e la morte,
perché tu hai dato vita al mio cuore.

Prometto di lottare per questo amore
con coraggio costante,
perché so che come il nostro
non ce ne sono due.

So che mi ami.
E ti amo senza dirlo,
senza spiegarlo,
senza gridarlo.
Il nostro amore è unico,
non si paragona,
basta e avanza
finché ci abbiamo l'un l'altro.
Da quel primo appuntamento notturno
io ho saputo
che mi amavi.

Oggi mi sposi.
Iniziamo una nuova fase.
Le nostre vite, unite allo stesso ritmo.
Custodiamo questo momento
per ricordarlo in futuro.
Perché ti amo irrevocabilmente,
senza parole,
e voglio che tu mi ami sempre
come prometto di amarti
fino alla fine.

— CI SARÀ SEMPRE UN NOI

Non siamo ciò che un giorno eravamo.
Né le parole che si sono perse,
né i ricordi che hanno fatto male.
Il nostro passato non ci definisce:
ci ha solo condotti fin qui.

Sempre sereno
quando ti parlavo delle mie tempeste,
e tu, sorridendo, mi dicevi
che avresti custodito i miei sogni
fino all'alba.

Quando mi abbracci
la tristezza non trova spazio.
I tuoi baci mi riempiono di luce
e la solitudine si ritira in silenzio.
Non ho più bisogno di domande
né di risposte:
sono con te fino alla fine.

Non farmi nuove promesse.
Leggi queste righe
e comprendilo:
ti amo più di ieri.
E mentre le ore passano,
il mio amore cresce senza paura,
con la calma di chi sa
di essere finalmente a casa.

Siamo solo due anime
che hanno scelto di restare.
Per questo,
ci sarà sempre un noi.
Siamo la poesia del giorno,
un amore che non ha bisogno di fine.

Il nostro amore non è per chi non sa sentire.
Siamo fuoco consapevole,
due amanti desti,
una strofa scritta con verità.
Tra canzoni leggere
e cene lente,
vedo come la vita ci offra
motivi per continuare.

E resta solo una domanda,
detta senza fretta,
senza pressione,
senza timore:
Vuoi unire la tua vita alla mia
fino alla fine?

Se la tua risposta è sì,
non ho bisogno di fuggire lontano.
Mi basta camminare con te,
scoprire paesaggi nel tuo sguardo,
abitare il mondo
come una casa condivisa.

Perché non importa il luogo
né la distanza:
ci sarà sempre un noi.

caminando hacia la felicidad

RINGRAZIAMENTI

Ai miei lettori.
Al mio editore e a tutti i collaboratori.
A chi mi ha creato.

— ADRIC CENERI

Ai miei lettori:

Desidero ringraziarvi per il vostro sostegno infinito,
per il valore che donate ai miei scritti
e per accompagnarmi sempre, leggendo ogni parola che pubblico.

◎ @adricceneri

Grazie per essere parte del mio percorso, parte della mia vita,
e per continuare a dare voce e luce alle mie poesie. Non esistono
parole sufficienti per esprimere quanto io sia grato di aver raggiunto
qualcosa che non avrei mai immaginato possibile. È grazie a voi,
anime meravigliose, che resto motivato e determinato a spingermi
sempre più lontano nella vita.

Grazie a tutti i miei amici poeti della comunità di Instagram per il
sostegno costante e per l'amore che donate alla mia arte. Mi sento
profondamente benedetto per avervi incontrati in questo spazio e per
aver incrociato i nostri cammini qui. Molti di voi mi ispirano più di
quanto io riesca a esprimere: mi spingete a diventare ogni giorno un
poeta e un artista migliore, senza mai smettere di essere autentico e
fedele alla mia essenza.

Con tutto il cuore,
mille grazie.

Alla mia editor:

Non posso esprimere pienamente la mia gratitudine per la dedizione, il professionalismo e la cura con cui hai lavorato all'editing di questo libro. Il tuo criterio, la tua guida e le tue revisioni meticolose hanno contribuito a rifinire la mia opera e a portarla alla sua versione migliore.

Yareli Chávez, voglio che tu sappia quanto io sia profondamente soddisfatto del risultato del tuo lavoro di lettura ed editing. La tua attenzione ai dettagli, la tua chiarezza e il tuo impegno verso l'eccellenza hanno superato ogni mia aspettativa. Non avrei potuto scegliere un'editor migliore per questo progetto.

Mi hai insegnato più di quanto io possa esprimere a parole. Ti sono sinceramente grato per la tua critica costruttiva e per il modo in cui mi hai aiutato a rafforzare la mia voce e ad ampliare la mia visione come scrittore e autore. Grazie per il tuo tempo, la tua pazienza e la cura minuziosa che hai dedicato a questo manoscritto.

Sono immensamente orgoglioso del risultato finale, e gran parte di questo merito è dovuta al tuo prezioso contributo.

Ai miei collaboratori:

Desidero esprimere un riconoscimento speciale alla mia amica **Yolanda Velázquez** per il suo prezioso contributo nella correzione e nel perfezionamento di questo libro. Grazie per avermi accompagnato in questo processo e per aver lavorato al mio fianco, insieme alla mia poesia, durante la revisione di quest'opera. Il tuo tempo, la tua dedizione e la tua attenzione hanno permesso a questo progetto di raggiungere la sua versione migliore.

È stato un onore lavorare con te. Questo libro significa per me più di quanto possa esprimere a parole: è la mia storia, i miei sentimenti e il risultato di molte ore di riflessione, creatività e totale dedizione. Il tuo sostegno nel rendere possibile questo progetto avrà sempre un posto speciale nel mio cuore.

Desidero inoltre ringraziare mio marito, **Jesus Rubio**, per essere stato al mio fianco in ogni passo di questo cammino. Grazie per la tua pazienza con le mie idee interminabili, per aver creduto nei miei sogni e per avermi dato lo spazio necessario per inseguirli. Grazie per aver letto, revisionato e aiutato a rifinire questo libro, e per il tempo e l'amore che hai investito in un progetto che mi avvicina un passo in più alla felicità che ho sempre desiderato.

Grazie per il tuo sostegno costante, per aver dato valore alle mie parole e per la compassione che hai dimostrato nel conoscere il passato difficile che ho dovuto affrontare. Per tutto questo e molto altro, ti ringrazio di potermi svegliare ogni giorno accanto a te. Dai senso, forza e ispirazione alla mia vita, e fai sì che qualsiasi strada percorriamo insieme valga sempre la pena.

Ai miei creatori:

Desidero ringraziarvi per avermi dato la vita, per i geni che hanno reso possibile la mia esistenza. Senza di voi due, io non sarei qui. So che proveniamo da un contesto privo di istruzione, segnato dalla povertà e dalla mancanza. Avrei voluto che aveste fatto scelte migliori. Avrei voluto che pensaste ai vostri figli, noi che abbiamo pagato le conseguenze. Ma la vita non offre seconde versioni.

Padre;

Non ho molto altro da dire. Avrei desiderato che mi amassi senza condizioni, senza aspettative e senza quell'ignoranza che ha trasformato il tempo trascorso con te in sofferenza. Eppure, ti ringrazio per avermi mostrato con chiarezza cosa significhi l'assenza. Spero che col tempo tu possa trovare pace nel tuo cuore. Io cercherò di perdonare, anche se so che dimenticare forse non sarà mai possibile.

Madre;

Ti amo. Grazie per aver creduto in me e per aver dato sempre il meglio di te, nei limiti delle tue possibilità. Oggi so che quando la vita ti ha allontanata da me, non è stato per scelta. Le circostanze ci hanno separati, e io ho portato il peso di quella assenza. Ho vissuto il dolore, il giudizio e la condanna di essere un bambino senza madre, e per molti anni ti ho colpevolizzata per questo.

Per molto tempo ho pianto in silenzio, portando addosso il rifiuto e il rancore di un paese che mi ha visto soffrire. Ancora oggi, una parte di quel dolore rimane. In fondo so che non è stata colpa tua, ma la tua assenza mi ha reso vulnerabile. Ero fragile, ero solo, e il mio cuore si è spezzato senza rimedio. Mi hanno seminato odio, e la mia vita è diventata sopravvivenza. Resistevo ancora e ancora, aspettando il giorno in cui saresti tornata da me.

Oggi ho deciso di andare avanti in una direzione diversa, costruendo la mia felicità. Ti amo, madre, nonostante tutto ciò che ho vissuto. Condivido queste parole non per ferirti, ma perché non posso più portarle da solo. La mia vita è cambiata in meglio, anche se ho dovuto aspettare due decenni per arrivare fin qui.

Madre, voglio lasciarti questo: non smettere mai di sognare, non smettere mai di vivere e non arrenderti mai. La vita è un dono che ci insegna attraverso l'errore e la forza. È ciò che scegliamo di farne. Spero che un giorno potremo essere, almeno, buoni amici, poiché il legame tra madre e figlio non è mai riuscito a guarire del tutto. Resto grato per il bene che mi hai dato e non dimenticherò mai i ricordi di noi due, prima che la tragedia macchiasse i miei sogni. Tu sarai sempre mia madre, la mia eroina, e io sarò sempre tuo figlio.

A PROPOSITO DELL'AUTORE

Adric Ceneri è un artista, poeta, scrittore e autore la cui opera nasce dall'esperienza vissuta e dalla verità emotiva. Nato in Messico, ha trascorso la sua infanzia sulle coste dell'Oceano Pacifico, dove è stato cresciuto dai suoi genitori fino all'età di cinque anni. Dopo la loro separazione, ha affrontato circostanze che avrebbero profondamente segnato la sua identità e definito l'essenza del suo lavoro creativo.

La sua poesia esplora il dolore, la sopravvivenza, l'identità e la sessualità, trasformando ferite personali in espressione artistica. Ceneri scrive con una voce onesta e audace, convertendo emozioni crude in linguaggio poetico e rimanendo fedele a sé stesso come artista. Attraverso una narrazione intima ed evocativa, la sua opera dà forma alla sofferenza, alla resilienza e alla ricerca di significato.

Nell'agosto del 2003 è emigrato negli Stati Uniti alla ricerca di stabilità e pace, dopo aver attraversato un periodo di profondo conflitto emotivo. Sebbene sia sopravvissuto, le conseguenze di quell'esperienza hanno lasciato segni duraturi nel suo sviluppo personale e creativo.

La scrittura è diventata il suo rifugio. Durante gli anni della scuola superiore, ha iniziato a scrivere in solitudine dopo le lezioni, utilizzando il linguaggio come strumento di sopravvivenza mentre imparava l'inglese in un ambiente sconosciuto. Parallelamente, i suoi studi artistici gli hanno permesso di scoprire un nuovo modo di elaborare il trauma. Da allora, l'arte e la scrittura si sono consolidate come pilastri fondamentali della sua vita.

Nel 2010, dopo diversi anni di rifiuti editoriali, ha autopubblicato la sua prima raccolta poetica, My Poetry: Los Restos de un Humano, che ha ricevuto una risposta positiva permettendogli di iniziare letture pubbliche e costruire una base di lettori.

Successivamente, la sua opera P.E.D.R.O.: Deep Emptiness è stata accettata per la pubblicazione come prima parte di una serie di romanzi prevista in quattro volumi. Tuttavia, a causa di limitazioni di produzione, il progetto è stato cancellato. L'opera sarà ripubblicata dopo il 2026 con il titolo PEDRO.

Con oltre vent'anni di scrittura e più di un decennio come autore pubblicato, Ceneri conta diverse opere, tra cui My Poetry: Los Restos de un Humano (2010), Caminando Hacia la Felicidad (2019) e la sua più recente raccolta pubblicata nel 2026, Si Alguna Vez Sentiste Demasiado. Inoltre, ha sviluppato una serie di diari tematici ispirati a Caminando Hacia la Felicidad.

Attualmente collabora con Magesoul Publishing, lavorando insieme al suo fondatore, Carlos Medina, e al suo team per promuovere e dare visibilità a nuove voci all'interno della comunità poetica.

Oltre alla scrittura, Ceneri è anche un artista visivo. Ha realizzato le copertine di opere come It Hurts, Survival e Healing, la prima trilogia di antologie di Magesoul Publishing, oltre a progetti per altri autori. Ha inoltre contribuito con opere inedite all'interno di queste antologie e continua a sviluppare traduzioni e progetti visivi nel campo letterario.

Sitio web:
www.adricceneri.art

Instagram:
@adricceneri

ALTRI LIBRI DI

ADRIC CENERI

Se Hai Mai Sentito Troppo
Disponibile anche in EN | ES | FR | PT

Se Hai Mai Sentito Troppo
Cosa significa sentire tutto... e continuare comunque ad andare avanti?

Se Hai Mai Sentito Troppo è una raccolta poetica intima e profondamente umana che esplora il desiderio, l'identità, il dolore del cuore e il peso silenzioso delle emozioni che spesso portiamo da soli.

Attraverso versi crudi e lirici, Adric Ceneri ti invita in un viaggio segnato dalla vulnerabilità e dalla riflessione—un percorso che va dal dolore alla comprensione, e dalla solitudine alla connessione.

Divisa in quattro movimenti emotivi, questa raccolta si sviluppa attraverso:

• ferite non dette e battaglie silenziose
• riflessioni nate nella solitudine
• l'intensità dell'amore, del desiderio e dell'identità
• e la tenerezza che si trova semplicemente nell'essere visti

Unendo semplicità e profondità emotiva, queste poesie catturano momenti fugaci, lotte interiori e il desiderio universale di essere compresi.

Questa edizione conserva alcune poesie in spagnolo, onorando la voce dell'autore nella sua forma più autentica.

Per chi ha mai sentito troppo...
o non abbastanza—
queste pagine sembreranno casa.

Disponibili ora su Amazon.com
Walking towards happiness
Disponible anche in EN | ES | FR | PT

DIARI *di Adric Ceneri*

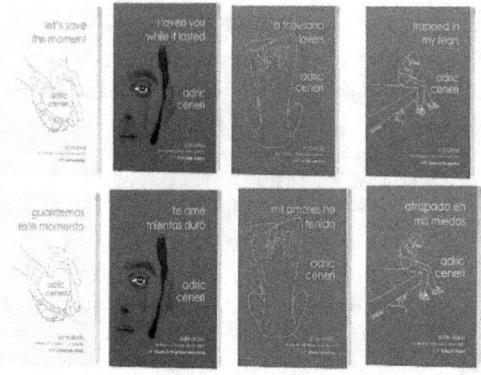

Questi diari, articolati in quattro temi differenti, includono un calendario flessibile e senza date, progettato per adattarsi al tuo ritmo quotidiano e permetterti di aggiornarli giorno dopo giorno con i tuoi piani, obiettivi e attività in sospeso.

Per i cuori romantici:: *Guardemos este momento.*
Per i cuori spezzati: *Te amé mientras duró.*
Per i cuori appassionati: *Mil amantes.*
Per i cuori feriti: *Atrapado en mis miedos.*
(Disponibili ora su versione in inglese e spagnolo)

Il calendario integra frasi ispiratrici e schizzi artistici tratti dal mio libro *Camminando verso la felicità*, trasformando ogni pagina in uno spazio di riflessione, intenzione e crescita personale.

Disponibili ora su Amazon.com

ANTOLOGIE
di Magesoul Publishing
con la partecipazione di Adric Ceneri

IT HURTS - DISPONIBILE ORA SU EN <u>AMAZON.COM</u>

Una collaborazione di quindici scrittori che condividono emozioni, esperienze e, soprattutto, le proprie anime attraverso le parole.Tutti ci siamo passati. Fa parte della condizione umana. Ognuno di noi ha una storia da raccontare, ma non sempre le nostre storie vengono ascoltate. Troppo spesso, le nostre voci vengono messe a tacere.

It Hurts è un'antologia unica che raccoglie le esperienze vissute di quindici autori che, attraverso i loro capitoli individuali, offrono interpretazioni profondamente personali di ciò che significa davvero provare **dolore**. *(versione in inglese)*

SURVIVAL - DISPONIBILE ORA SU <u>AMAZON.COM</u>

In qualunque momento della nostra vita, è inevitabile trovarsi di fronte all'avversità—talvolta sopportabile, altre volte... completamente insopportabile. Come specie evoluta nel corso di migliaia di anni, la perseveranza è una caratteristica intrinseca dell'essere umano; la volontà di andare avanti,  indipendentemente dalle sfide che incontriamo sul nostro cammino, fa parte della nostra essenza. In questi tempi incerti, in cui le anime di tutto il mondo pendono dai fragili fili della speranza, presentiamo *Survival*. Seconda antologia della Trilogia di MageSoul Publishing, quest'opera riunisce le esperienze vissute di venticinque scrittori, intrecciate in testimonianze potenti di determinazione, resistenza e coraggio di fronte all'avversità. *(versione in inglese)*

HEALING – IN ARRIVO– ABRILE 2026

Tutti attraversiamo molte fasi nel nostro percorso personale di vita. Nella lotta per la nostra sopravvivenza, arriva un momento in cui non ci resta altra scelta se non essere coraggiosi e sperare in qualcosa di migliore. Prima dobbiamo comprendere che non siamo ciò che ci è stato fatto; siamo sopravvissuti, che lottano per avere una possibilità di trovare pace e amore. Guarire è l'atto di ricostruire ciò che è stato spezzato, un giorno alla volta. *Healing* è l'ultima antologia della Trilogia di MageSoul Publishing. Con la partecipazione di tredici scrittori coraggiosi, questa raccolta è colma di speranza e forza, ricordandoci che la pace e il conforto sono possibili e che, un giorno, possiamo tornare a sentirci completi. *(versione in inglese)*

ALTRI LIBRI DI
Magesoul Publishing

Di CARLOS MEDINA

Phases of the Soul

Precious Pain

Cremating Past

Eternal Devotion

Seeking the Unknown

When my Soul Cries

Rebirth

Whiskey Tears – Erica Varela

The Wilted Walls – Kristin L Provenzano

The Side Effects of L – Alex Le'Gare

Timeless Depths – Erica Varela

Anchoring Me – Nicole Hartley

The Side Effects of L – Alexander Le'Gare